4

FINLANDIA
PICTURES OF FINLAND
IMAGES DE FINLANDE

Text Auteur du texte Kalervo Siikala
Photo adviser Compilateur photographique Kaius Hedenström

Photos Photographies

Jussi Aalto	Mauri Kuokkanen	Kalervo Ojutkangas
C.G. Hagström	Jouko Könönen	Timo Pakonen
Kaius Hedenström	Pauli Laalo	Hans Paul
Mauritz Hellström	Jorma Luhta	Arno Rautavaara
Ensio Ilmonen	Eero Murtomäki	Matti Reinikainen
Teuvo Kanerva	Kalevi A. Mäkinen	Kristian Runeberg
Juhani Kolari	Hannu Männynoksa	Teuvo Suominen
Heikki Kotilainen	Ari Ojala	Pentti Valmunen

Kirjayhtymä Helsinki

Photographes:
Photographies:

Jussi Aalto	44, 74
C.G. Hagström	69
Kaius Hedenström	41, 42, 45, 61, 72, 78
Mauritz Hellström	40
Ensio Ilmonen (Lehtikuva)	47
Teuvo Kanerva	14, 37, 46, 53, 64, 71
Juhani Kolari	30, 35
Heikki Kotilainen (Lehtikuva)	75
Mauri Kuokkanen	32
Jouko Könönen	26, 27, 39, 67, 77
Pauli Laalo	103
Jorma Luhta	1, 4, 6, 8, 9, 28, 36, 102, 105
Eero Murtomäki	11, 13
Kalevi A. Mäkinen	73
Hannu Männynoksa	48, 49, 50, 51
Ari Ojala (Lehtikuva)	52
Kalervo Ojutkangas	2, 5, 29, 38, 68, 104
Timo Pakonen	33
Hans Paul (Lehtikuva)	43
Arno Rautavaara	21, 23, 24
Matti Reinikainen	31
Kristian Runeberg	54, 59, 70
Teuvo Suominen	7, 10, 12, 15, 25, 34, 101
Pentti Valmunen	3, 16–20, 22, 55–58, 60, 62, 63, 65, 66, 76, 79–100

English text Liisa Steffa/Traduction française Liisa Bartove
Layout Leila, Kosti & Petteri Antikainen
Jacket photography/Photos de la jaquette Kalervo Ojutkangas (front jacket/recto), Teuvo Kanerva,
Teuvo Suominen, Pentti Valmunen (back/dos)
Fly-leaf photograph/Photo de la page de garde Kalervo Ojutkangas

©Copyright 1978 by Kirjayhtymä Helsinki
Yhteiskirjapaino Oy, Helsinki 1985

ISBN 951–26–2039–1

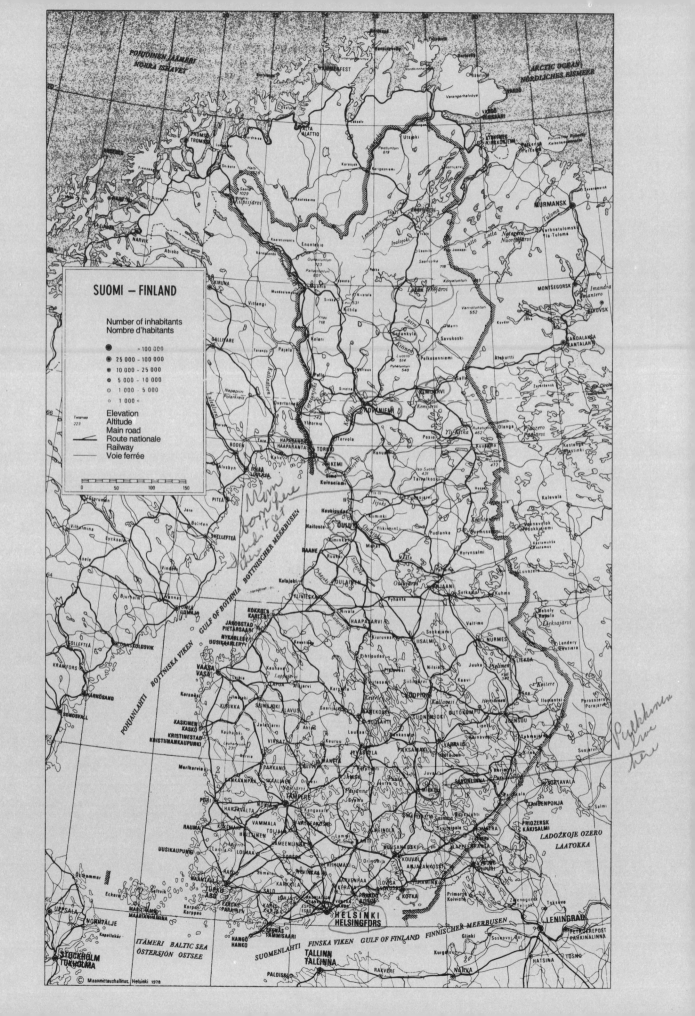

Finland

Finlande

"Suomi, Finland in Swedish, a republic in northern
Europe; area 337,009 km², of which 305,396 km ² are
land, 31,613 km² inland waters; population (1977)
4,733,206."
– from official sources.

The homeland of the Finns extends from the temperate
coniferous zone to the margin of the subarctic tundra.
Having taken to this environment like ducks to water,
Finns even try to describe it to others – friends,
relatives, anyone with an interest in the world. Arrive
at the Helsinki-Vantaa Airport and you find yourself
engulfed by a vast, level sea of trees where light and
color vary almost from week to week with the cycle of
the seasons. The forest stretches endlessly to the east,
a great wind-swept wilderness. A few hundred
kilometers beyond Helsinki a ten-meter swath has
been cut to mark the end of Finland and the beginning
of Soviet Karelia. Beyond lies northern Russia and,
farther still, the Siberian steppes.
But come by ship on a bright summer night and,
awakened in your cosy cabin by the festive, restless
natives, your first glimpse of Finland will consist of the
barren rocks east of the Åland Islands and along the
northern coast of the Baltic – junipers, sea birds, and
the gnarled trunks of stunted pines. Even from the sea
your first impression will be of a level forested horizon
which, upon closer inspection, is broken by church
steeples and the silhouettes of factories, aliens in a
wooded land whose roots are not yet a thousand years
old.
On the most barren stretch of coast, protected only by
a few rocky islands from the open sea, lies our capital.
Helsinki's pale neo-classical facade is dominated by the
Lutheran Cathedral, whose golden cross salutes the
Byzantine cross of its Russian Orthodox neighbor,
Uspenski Cathedral.
It's very likely that one of these churches, or other
buildings of the neo-classical style Helsinki, is being
restored, plastered or painted. The winds, rains and
cold of the northern Baltic lay a heavy hand on the
city's architecture. But the casual visitor needn't
concern himself with such things; he usually comes to
Finland in summer, a season which may be either cold
and wet or surprisingly warm, calm and sunny. It
might well be that Helsinki's harbor is a brilliant blue,
that the flowers of the city's parks are almost
unbearably colorful, and that the marketplace crowds
radiate warmth and vitality. Where are you actually?
On the edge of the dour pine wilds of the North? Or in

"Suomi, Finland en suédois, république en Europe
du Nord, 337 009 km² dont 305 396 km² de terre
ferme, 31 613 km² d'eaux intérieures, 4 733 206
habitants (1977)"
– d'après les sources officielles.

Le pays des Finlandais est situé aux limites d'une
zone tempérée de conifères et d'une toundra
subarctique. Là, les Finlandais habitent
naturellement, comme les poissons dans l'eau; ils
tentent même de décrire leur environnement aux
autres, aux familiers, aux visiteurs, aux amateurs
s'intéressant aux conditions de vie dans le monde.
Lorsque vous atterrissez à l'aéroport de
Helsinki–Vantaa, vous vous trouvez dans une
immense forêt étonnamment régulière dont les
lumières et les couleurs changent d'une semaine à
l'autre selon le rythme des saisons. La forêt
continue vers l'est, interminable, bruissante,
sauvage. A quelques centaines de kilomètres de
Helsinki a été coupée une ligne de frontière, large
de dix mètres. Là s'arrête la Finlande et
commence la Carélie Soviétique, pour se
transformer ensuite en Russie du Nord puis en
taïga de Sibérie.
Si par contre, vous arrivez en Finlande par une
nuit claire d'été, et que vous n'arrivez pas à
dormir dans votre cabine confortable, à cause de
la bringue acharnée de mes compatriotes, les
premiers aperçus sont des rochers nus sur la côte
nord de la Mer Baltique et sur la côte est de la Mer
d'Aland, des genièvres, des pins chétifs, des
oiseaux de mer. Même de la mer, la première
impression est l'orée régulière d'une forêt à
horizon où, lorsqu'on s'approche de la côte, se
dessinent les tours d'églises et les cheminées
d'usines, transplantations dans ce pays de forêts
enracinées depuis moins de mille ans seulement.
Dans la partie la plus découverte, protégée des
intempéries seulement par quelques rochers, se
trouve notre capitale. Au-dessus du clair et
néoclassique Helsinki se dresse la cathédrale
évangélique-luthérienne. Sa croix dorée salue sa
voisine légèrement éloignée, la croix de la
cathédrale orthodoxe d'Uspenski. L'été en
Finlande peut être frais et pluvieux tout comme
incroyablement chaud, ensoleillé et sans vent. Les
vagues du port de Helsinki sont parfois d'un bleu
éblouissant, les fleurs des parcs colorées jusqu'à
en faire mal aux yeux, la vie du marché et le

Greece, renaissance Italy, Saint Mark's Square? Within the first few minutes after plunging into the Finnish landscape you will already have become acquainted with its three basic elements: water, stone and forest. Finland must surely be one of the world's wettest countries. Its coastline is long and irregular, its landscape torn by an Ice Age which left in its furrowed wake not only water but living relics as well: the fresh-water smelt and the Saimaa seal. There are no mountain ranges in Finland, but in the east and west the glacial ice produced gentle hills and in Lapland an occasional tor. The level land sheds little of the abundant rain. Combine water and earth and it produces not only islands but marshes, damp, uninhabited, mosquito-infested, intoxicatingly fragrant when in blossom, and crowded with birds and stunted trees.

Rock fills the landscape, bedrock, the worn teeth of ancient mountains, the oldest and most stable rock in the world. No earthquakes here, but neither is there any chance of oil or gas. Granite and gneiss, ground to gravel by the continental glacier as it moved northeast to southwest, the full length of the country, leaving behind it hills that extend into the sea as islands and reefs.

In the midst of water, rock and forest are the fields and meadows, a touch of civilization. They abound in the southwest, the Finnish Wheat Belt, but are few and far between in the east and north. For the two thousand years in which Finland has been inhabited these fields have been cleared in the meager, tillable patches between rock and forest. Even in my grandfather's day forests were still burned to make way for fields. Only slowly and reluctantly did the hunters, fishers and field-burners come to accept agriculture and then industry. Their hearts remained with their gilded memories of lakes filled with fish and forests teeming with game. A hundred years ago there was still starvation in Finland. The topsoil of the fields is shallow, a few centimeters separated by clay, gravel or sand from bedrock which is often only a couple of spadefuls beneath. The glacial ice skimmed off the cream of our source of livelihood and carried the best of our soil to the Ukraine, where its depth is measured in meters. But let the frost bite into it and clay becomes fertile enough to grow wheat. The fields of central and northeastern Finland are stony: potato harvesting machines fill their bags with potatoes and stones in equal amounts. The blades of combines break. And stones remain even after centuries of clearing the fields. The land seems to produce them out of spitefulness. I was once in the Norwegian province of Tröndelage with an old Karelian farmer, Ale Shemeika. When he saw the rich loam and stoneless fields, his eyes filled with tears.

In midwestern Finland the stones are fewer than in the central and northeastern areas. Ostrobothnia is Finland's flatland, once a seabed, where the glacial mass of the Ice Age is still causing anxiety: the land, after millions of years of pressure, is rising and

va-et-vient de la foule d'une animation fiévreuse. Pendant les premières minutes, lorsque vous plongez le regard dans le paysage finlandais, vous faites connaissance avec ses trois principaux éléments: l'eau, la roche et la forêt. La Finlande figure parmi les pays du monde les plus aquatiques. Les côtes sont vastes et découpées, une grande partie de l'intérieur du pays se trouve déchiré des suites de la dernière glaciation. L'eau est restée dans les stries et, dans l'eau, quelques vestiges, tels les phoques de l'eau douce du Saimaa. Il n'y a pas de montagnes en Finlande; en allant vers l'est et le nord on trouve cependant des collines, des sommets usés par la glaciation et, en Laponie, des monts aplatis. Il pleut beaucoup, et à cause du terrain plat, l'eau coule peu. L'ensemble de la terre et de l'eau fait naître non seulement des archipels, mais aussi des marécages, qui sont des étendues humides inhabitées, infestées de moustiques, d'une odeur énivrante lorsqu'il fait chaud, et où se trouvent des arbres nains et des oiseaux.

Le rocher, roche basique, est présent partout dans le paysage; chicots érodés des vieilles montagnes, socle rocheux des plus stables et des plus vieux du monde. Pas de tremblements de terre, mais pas non plus de gisements de pétrole ou de gaz: du granit, du gneiss et du gravier râpé par le glacier continental, couvrant tout le pays du nord-est au sud-ouest par crêtes à pentes douces qui continuent dans la mer en formant des îles, des rochers et des récifs.

Au milieu de l'eau, de la roche et de la forêt, comme une touche de la civilisation, se trouvent, de ci et là, des champs et des prairies; davantage vers le sud-ouest, le grenier de la Finlande, moins à l'est et au nord. Ces champs ont été défrichés pendant les mille ans d'histoire du peuplement sur le peu de terre arable séparant les rochers et les landes boisées. On faisait des brûlis encore au temps de mon grand-père. Ce n'est que lentement et à contrecoeur que ce peuple de chasseurs, de pêcheurs et d'écobueurs a accepté l'agriculture et l'industrialisation. Son coeur est resté près des eaux poissonneuses et les terrains de chasse d'autrefois dorés par le souvenir. Il y a cent ans, l'on mourait encore de faim en Finlande. Les champs ont peu de terreau: quelques centimètres sur de l'argile, du gravier ou du sable, la roche se trouvant à deux pelletées sous terre. Le glacier continental, ce grand rabot de la base matérielle de notre vie, a emporté notre terreau en Ukraine; là-bas il se trouve, paraît-il, en couches de plusieurs mètres. Les céréales poussent dans l'argile fertilisée par le froid qui l'écrase. Les champs du Savo et de la Carélie du Nord sont cailouteux. Il est difficile d'utiliser une machine pour récolter les pommes de terre; dans les sacs on trouverait autant de cailloux que de pommes de terre. Les lames des faucheuses se brisent. Cela

returning to its former level. Not much at a time, only a few centimeters each century, but just enough to block harbors and render shipping routes impassable, to raise the mouths of navigable rivers to levels further inland, and even higher. Ostrobothnia is a region of floods, meadows, marshes, and of forests changing to wetlands; but it is also a land of extensive cultivation. It is a road, waterworks, or harbor engineer's dream.

I am writing this at Midsummer in the loft of an old white-washed house. Beyond the window there stands a tall birch and farther away, on the beach, there are more birches and a few mountain ash. The surface of a lake is visible through the trees, and on this windy, overcast day it is grey and lifeless. But only the slightest bit of sunshine is needed to change it suddenly to blue. As I write this there is always the danger that I will limit my palette to that of travel posters and, like the dream purveyors of the tourist industry, produce a vision of eternal summer.

Against my will I broaden my spectrum. The leaves of that birch will fall before mid-October and the landscape will become as grey, dreary and damp as it was golden and red only a few weeks before. A few windy October nights will tarnish the gold. Soon after that Nature, with a sweep of the brush, will paint the landscape white. With All Saints' Day, the old autumnal festival of pagan Finland, winter will get under way.

On the first Monday after All Saints' Day the sun will rise in Helsinki at eight in the morning. I'll already be at work. It will set at 4:07 in the afternoon. And I'll still be at work. For several months Finns go to and from their jobs in darkness; and the grey light of autumn and winter days neither lasts very long nor provides much warmth. Christmas brings 16 hours, 13 minutes of daily darkness to southern Finland, with an additional 58 minutes of twilight. In northern Finland between November 26 and January 16 the sun doesn't rise at all. At 60° latitude the darkness and twilight last nearly five months; only when February gives way to March are Finns able to go about their morning chores, milk their cows, go to factories and offices in the dim light of day.

Latitude does have its compensations. The winter darkness yields to the abundant light of summer: Lapland's nightless night or the long southern days separated by a pearly twilight.

The annual cycle contains two difficult phases: November and April.

November signals the onslaught of winter. Snow falls and then melts. Nature is dead. The Finnish name for November, literally translated, is Moon of the Corpse. The frosts and snows of winter, when they finally do arrive, are a great improvement on November. The feeble light of the sky, when reflected off snow, is magnified. The gay season of skis, skates, fur hats and coats begins. With the arrival of winter, preparations for Christmas get under way, a northern saturnalia which lasts for weeks, a combination of colorful

fait pourtant des centaines d'années que l'on ramasse des cailloux. Mais la terre en fait naître éternellement. A l'ouest, en Ostrobothnie, il y a moins de cailloux qu'à l'est, en Savo ou en Carélie. L'Ostrobothnie est la plaine de la Finlande, ancien fond de mer où les influences de la glaciation et du glacier continental se font toujours sentir; la terre s'élève de la mer, reprend sa forme après une pression de millions d'années. Pas de beaucoup, quelques centimètres par siècle, mais suffisamment pour réduire la profondeur des ports et rendre inutilisable les voies maritimes, pour élever les embouchures de rivières au niveau de leur cours moyen et même au-dessus. L'Ostrobothnie est une terre d'inondations, de prairies, de marais, de forêts marécageuses, mais aussi de champs s' étendant à perte de vue. C'est le paradis des ingénieurs des eaux et forêts et des dragueurs. La marche de Vaasa, hymne régional, évoque les Ostrobothniens: "Dans ce pays de gels, nous avons grandi comme ses sapins/les intempéries ne leur font pas peur/les hivers ne les font pas mourir/ni la détresse ni la misère de la forêt déserte (selon Z. Topelius). Voilà le thème qui, avec ses variations, décrit les relations d'un Finlandais avec le sol qui pendant le dernier millénaire l'a maintenu en vie.

J'écris ceci vers la Saint-Jean dans la mansarde d'une maison crépie en blanc. Devant la fenêtre se dresse un grand bouleau et, plus loin, au bord de l'eau poussent d'autres bouleaux et des sorbiers. A travers eux l' on voit la surface du lac, aujourd'hui, par un temps de vent et de nuages, grise et sans vie. Le moindre rayon de soleil la rend immédiatement d'un bleu éclatant.

Il est désagréable, mais indispensable, de vérifier les couleurs de ma palette. Les feuilles de bouleau tomberont avant la mi-octobre, et la nature sera aussi grise et tristement humide qu'elle aura été jaune et rouge quelques semaines plus tôt. L'ocre s'assombrira et s'éteindra en quelques nuits venteuses d'octobre. Bientôt la nature, avec un couteau de peintre, couvrira de blanc le paysage. L'hiver commencera à partir de la Toussaint chrétienne, date de la fête automnale païenne des anciens Finnois.

Le premier lundi après la Toussaint, le soleil se lèvera à Helsinki à 8 heures. A ce moment-là, je travaillerai déjà. Il se couchera à 16h07. Alors, je travaillerai encore. Les Finlandais vont au travail dans l'obscurité pendant des mois et la lumière d'une grise journée d'automne ou d'hiver ne dure pas longtemps et ne réchauffe pas beaucoup. Vers Noël, au Sud de la Finlande, il fait nuit pendant 16 heures 13 minutes, sombre pendant 58 minutes. Dans la partie la plus septentrionale de la Finlande, le soleil ne se lève pas entre le 26 novembre et le 16 janvier. A 60° de latitude nord il fait nuit ou sombre pendant presque cinq mois, ce

commercialism and a series of drinking bouts and feasts that begin with "Little Christmas" in November and continue into January. Then follows a period of great national penance, the season when Finns must fill out their tax forms, a duty that has been cleverly grafted on to the Christmas message. After all, Joseph and Mary were going to Bethlehem to pay their taxes. In southern and southwestern Finland, where most of the country's industry, agriculture and populace are concentrated, winter is always somewhat fickle. If snow is abundant and temperatures are well below freezing, the weather is considered good. If, in addition, the sky is blue, Finns are satisfied: blue and white are also the colors of the Finnish flag. But unfortunately the Baltic moderates the winter weather and the North Atlantic sends rains and thaws. While sometimes providing magnificent blizzards, they are also responsible for the sleet that makes winter driving so hazardous. The bother and risks are confined largely to a narrow strip of southern coast which includes Helsinki, the largest city. But for the past twenty years, by travelling only about twenty kilometers inland to the north of the city, I've been able to begin my skiing season at Christmas and end it at Easter. Inland Finland, not to mention the east and north, is a paradise for aficionados of winter. And in Lapland the winter sports season continues until May.

For most people, winter ends in April. By the beginning of May the snow has melted and the ice has left southern waters. Spring, moving from the tropics to the arctic at an average of fifty kilometers a day, usually takes as much as a whole month to travel the full length of Finland.

April is the cruellest month, more like Good Friday than Easter to Finns. The landscape is nearly as dead then as it was in November, but without the soft, protective autumnal darkness. The cruel milky light of April exposes all that is dirty, decayed and pitiful. The melting snow yields a harvest of rubbish and debris. The earth is still frozen, the trees are rigid. Roads are muddy and, after the salt of winter, cars are rusted and run-down. "There is no friend more sorrowful," says poet Aaro Hellaakoski, "than gloomy April." Our otherwise relatively high suicide rate reaches its peak in the spring.

The depression, humiliation and joyless anticipation come to an end with the budding of the first green birch leaf. In southern Finland it usually appears just before the middle of May, and in northernmost Finland at Midsummer.

On the first of May Finns make an attempt at celebration, but the thing seldom gets off the ground. Speeches are made, red flags are flown, parades are marched. In the cold blustery streets a nation weary of winter reaches out toward a brighter and more meaningful life.

A more genuine and generally more successful celebration takes place at Midsummer, which combines pagan solstice ritual often involving Eros in one manifestation or another and the Christian

n'est qu'en février-mars que les Finlandais peuvent vaquer à leurs besognes matinales, traire leurs vaches aller à l'usine et au bureau éclairés par une pâle lueur matinale.

La latitude a ses compensations. A l'obscurité de l'hiver fait pendant la lumière abondante de l'été; la nuit sans nuit de la Laponie ou les longues journées du Sud seulement séparées par une pénombre laiteuse.

Il y a deux périodes difficiles dans l'année, novembre et avril. En novembre, l'hiver se prépare. La neige tombe, mais elle fond tout de suite. La nature est morte. Le nom finnois de ce mois signifie le «mois du défunt».

Après le mois de novembre c'est l'hiver enneigé et froid, et lorsqu'il arrive enfin, c'est une amélioration. Le peu de lumière du ciel se multiplie, en se reflétant sur la neige. L'époque joyeuse des skis, des patins, des manteaux et des chapeaux de fourrure commence. Lorsque l'hiver arrive, on entreprend les préparatifs de Noël: les Saturnales nordiques durent des semaines. Elles sont marquées par un commerce coloré, une série de «petits Noëls», trinqueries et fêtes, qui ne s'arrêtent qu'en janvier. C'est alors que commence la grande pénitence nationale, on remplit et dépose les déclarations d'impôts, ce qui se rattache bien au message chrétien de Noël. Joseph et Marie allaient bien à Bethléem pour se faire imposer.

En Finlande méridionale et du sud-ouest, centre de l'industrie, de l'agriculture et de la population, l'hiver est toujours un peu incertain. S'il fait très froid et qu' il y a beaucoup de neige, c'est un bon hiver. Si en plus le ciel est bleu, le Finlandais est content; tel est aussi le drapeau finlandais, bleu et blanc. Mais, malheureusement, la Mer Baltique exhale des vapeurs douces et l'Atlantique Nord envoie des pluies et des dégels. Ils provoquent de majestueuses tempêtes de neige, mais produisent aussi une boue de neige qui gâte l'hiver. Ces risques et tracas ne concernent en fait essentiellement qu'une bande étroite de la côte et sa plus grande ville, Helsinki. A une vingtaine de kilomètres de la côte, vers l'intérieur, cela fait déjà vingt ans que je commence ma saison de ski à Noël pour la terminer à Pâques. La Finlande centrale, sans parler de l'Est et du Nord, est un paradis pour un ami de l'hiver. En Laponie, la saison des sports d'hiver continue jusqu'en mai.

Mais, pour la plupart, l'hiver s'arrête en avril. Avant le début du mois de mai ont lieu la débâcle et la fonte des neiges dans le Sud. Le printemps avançant du tropique vers les régions arctiques à la vitesse de 50 km par jour a besoin de presque un mois pour traverser toute la Finlande.

Avril, pour un Finlandais, est un mois triste, dur, ressemblant plus à un Vendredi Saint qu'à Pâques. La nature est aussi inanimée qu'en novembre, mais les douces ténèbres qui

commemoration of John the Baptist. Midsummer is also a day of Finnish flags. Throughout the still, pearly and bright night, the blue cross on a field of white is flown by the thousands outside homes or wherever celebrants gather. Rock and roll, bootleg liquor and soft drinks blend to make a midsummer cocktail. There are traffic accidents and knifings. And in the Finnish woods, accompanied by thick swarms of ravenous mosquitos, many young people have their first taste of carnal love. Midsummer morning brings with it, from the open doors of the church on the hill, the staunch hymning of the church-going Christians: "For now the sweetest season, / Summer, is at hand; / And everywhere the flowers / Decorate the land."

Although Finland's area makes it one of Europe's largest countires, in terms of population it is one of the smallest. It is not densely populated and there are few large population centers. Barely 700,000 reside in Helsinki and its suburbs, the country's only metropolitan area. This sparseness is often clearly evident since for the most part the country is practically unpeopled. But where there are people, congestion is often serious enough to keep neighbors arguing constantly about noise and other pollutants, problems which, judging from the time and energy Finns devote to discussing them, might seem as grave in this vast, peaceful country as they are in the world's great industrial centers. A slight smudge on a clean tablecloth provokes cries of alarm, but on a tablecloth made filthy by recent diners small spills don't seem to matter.
Finland's present area has been inhabited ever since the glacial lakes retreated and the land was exposed. Although the prehistoric population left few traces behind, the artifacts remaining do give us some idea of the early cultures that inhabited what is now Finland, northern Sweden and Soviet Karelia.
The Finns came to Finland after the beginning of the present millennium. With so few facts to go on, archeologists and historians appear less certain of events here than they are, for example, about the contemporaneous migrations of the Germanic and Slavic tribes elsewhere. Was Finland inhabited when the Finns arrived? Except for a few Lapps and their reindeer, probably not. Uninhabited but otherwise rich and fertile: a virgin wilderness, an abundance of game, waters teeming with fish. The tribes that made up the Finnish nation a thousand years ago came here either by water from across the Baltic or by land and water from the southeast or what is now northern Russia. The southwest was the first area to be settled, and it is still referred to today as the "original Finland". These tribes, the Hämäläiset

l'enveloppaient, sont parties. La lumière pâle et dure du mois d'avril découvre tout ce qui est sale, délabré et miséreux. «Il n'y a pas de plus morne connaissance qu'Avril déprimé», dit le poète Aaro Hellaakoski. Le nombre de suicides, déjà élevé en Finlande, atteint son maximum à cette époque. La première feuille verte du bouleau marque le terme de la dépression, de l'humiliation et de l'attente sans joie: au sud de la Finlande elle apparaît un peu avant la mi-mai, au nord vers la Saint-Jean. Le premier mai, les Finlandais tentent de faire la fête, de paraître gais et enjoués. L'on prononce des discours encadrés par les drapeaux rouges et l'on exécute des défilés. Par les rues froides et soumises au vent, le peuple, en ayant assez de l'hiver, s'élance vers une vie plus colorée et plus significative.
Une fête plus authentique et qui, en général, réussit mieux, est la Saint-Jean. Là se mêlent les traditions païennes de la mi-été, surtout celles qui se rattachent à l'amour et à la sexualité, au souvenir chrétien de Saint Jean Baptiste. La Saint-Jean est aussi la fête du drapeau finlandais: «Notre drapeau à croix bleue/nous te faisons un serment sacré, / vivre et mourir pour toi / est notre souhait le plus ardent» (selon V. A. Koskenniemi). Le drapeau à croix bleue est hissé au mât de milliers de maisons et de milliers de salles de fête pendant cette nuit blanche et claire.

La Finlande, par sa superficie, est un grand pays européen, mais elle est petite par le nombre de ses habitants. La population est peu dense et les agglomérations sont peu nombreuses. La seule grande ville, Helsinki, et ses environs n'ont que 700 000 habitants. Le manque de densité est cependant souvent illusoire: une grande partie du pays est quasiment inhabitée. Dans les régions habitées, les gens sont suffisamment nombreux pour se trouver des querelles de voisinage et des problèmes de bruit et de pollution, dont les Finlandais dans leur grand pays silencieux croient souffrir autant que les habitants des grandes zones industrielles du monde. L'actuel territoire finlandais est habité depuis que les anciens lacs se sont vidés après la glaciation et que la terre est apparue. Il ne reste pas beaucoup de vestiges des habitations préhistoriques, mais suffisamment cependant pour créer une image de cette préculture qui s'étendait de la Finlande au nord de la Suède et en Carélie Soviétique. La vie prend place avec ténacité jusqu'aux limites de ses possibilités.
Les Finnois arrivèrent en Finlande pendant le premier millénaire de l'ère chrétienne. Les archéologues et les historiens semblent savoir moins et avoir des détails plus incertains sur cette migration que sur celles des peuples slaves et germaniques. La Finlande était-elle vide ou habitée lorsque les Finnois y sont arrivés? Assez

or Central Finns and the Karjalaiset or Karelians, fought over fishing and hunting grounds. As the country gradually became inhabited, two other tribes emerged, the Savolaiset (of mideastern Finland) and the Ostrobothnians (of midwestern Finland). The Lapps withdrew to the north. The Vikings touched our southern coast on their voyages. Certain coastal areas and the islands in the southwest were settled by Swedish-speaking peoples. Despite how little one region of the country differs from the others, the inhabitants of each still adhere to regional and tribal identities which have been produced by diverging historical traditions, by regional dialects, and by the stereotypes of provincial folksongs. As modern transport and communications conspire with all the force of a glacial mass to press the large provinces into a uniform mold, new regional identities continue to evolve along the peripheries among the many who feel that the over-all picture of the large provinces fails to take into account their own unique needs. The provinces of Ostrobothnia and Savo have been particularly vulnerable to factionalism; South Ostrobothnia, Central Ostrobothnia, North Ostrobothnia, Kainuu, Upper Savo, Greater Savo, South Savo – these are but a few of the regions that have developed their own distinct identities and institutions. Regional factions such as these are the product of the struggle for social and economic advancement. With the Finnish penchant for partisanship, there will always be a ready market for regionalism.

It has been said that modern Finns still reflect all too clearly their hunting, fishing and pioneer

vide, probablement: quelques Lapons y élevaient des rennes. Vide de population, mais par ailleurs riche et vierge: forêts inhabitées, gibier abondant, eaux regorgeant de poissons. Les tribus dont depuis mille ans l'on s'est efforcé de constituer le peuple finlandais arrivèrent du sud par la mer, venant des pays Baltes, ou par le sud-est des régions de l'actuelle Russie du Nord, empruntant des itinéraires terrestres ou des cours d'eau. Les Finlandais s'installèrent d'abord dans la partie sud-ouest du pays, toujours nommée la «Finlande originelle». Ils se querellaient avec les habitants du centre, du Häme, à propos des terrains de chasse et de pêche; ces derniers se disputant de leur côté avec les Caréliens. Alors que la population se dirigeait lentement vers le nord, deux autres tribus naquirent encore, les «Savolaiset» et les Ostrobothniens. Les Lapons se retiraient vers le nord. Les Vikings balayaient les côtes finlandaises méridionales. Une partie du littoral ainsi que l'archipel sud-ouest se peupla de paysans de langue suédoise. Aussi faibles que soient les différences entre les diverses parties de la Finlande, que ce soit du point de vue du paysage ou de la culture, leurs habitants maintiennent toujours des identités provinciales et tribales, fondées sur des bribes de tradition historique, sur les dialectes du langage parlé ou sur les images stéréotypées des chansons régionales.

Tous les peuples, au premier stade de leur évolution, ont été des collecteurs, des chasseurs et des pêcheurs. Le péché capital de l'envie est universel. Mais les circonstances de vie communautaire qui, dans les vallées fertiles des

6. The grouse is the largest gamebird of the Finnish wilds.
7. A small marsh pond in autumn colors in Kuhmo. The edge of the pond is red with cranberries.
8. A landscape in deepest winter. Heavy winter snows often damage the forests.
9. Virgin Finnish forest. Saarijärvi, Pyhä-Häkki National Park. In their natural state, the trees and undergrowth of the forests form a complete ecological whole.

6. Le coq de bruyère est le plus grand des oiseaux chassés en Finlande.
7. Un petit étang à Kuhmo, aux couleurs de l'automne.
8. Paysage en plein hiver. Le poids de la neige cause souvent des dégâts considérables aux arbres.
9. Forêt vierge finlandaise à Saarijärvi, Parc National de Pyhä-Häkki. Les arbres et le sous-bois forment un ensemble écologique dans une forêt à l'état sauvage.

10. The Finnish game population is controlled annually by the number of hunting licenses issued. In 1977 over 24,000 moose were bagged.
11. The fox is a common forest dweller throughout the country.
12. The small bear population is found in eastern and northern Finland. The bear is protected, as is the lynx (13), which is still seen even in the southern parts of the country.
14. Each fall the whortleberry draws hundreds of thousands of Finns to the forests. It is the most important of our exported berries (15).
16. Bellflower.
17. Buttercup.
18. Meadow pink.
19. Wood anemone.
20. Heath anemone (protected).
21. Blue anemone (protected).
22. Heather.
23. Marsh marigold.
24. A meadow filled with daisies.
25. Rock smoothed by the Ice Age blossoms with lichen and moss.

10

10. Par le nombre de permis de chasse accordés annuellement on arrive à contrôler le gibier. En 1977, plus de 24000 élans ont été abattus.
11. Le renard est un habitant de la forêt très répandu dans tout le pays.
12. Quelques ours vivent dans l'est et le nord de la Finlande. La chasse à l'ours ainsi que celle au lynx (13), que l'on trouve même dans les régions méridionales du pays, est interdite.
14. Les airelles attirent des centaines de milliers de Finlandais dans la forêt en automne. L'airelle est également la baie la plus exportée. (15)
16. Campanule.
17. Renoncule.
18. Oeillet sauvage.
19. Anémone des bois.
20. Anémone pulsatille (protégée).
21. Hépatique trilobée.
22. Bruyère.
23. Calthe.
24. Champ de marguerites.
25. Rocher poli par le glacier, couvert de lichen et de mousse.

11

12

13

16

17

24

18

19

20

21

22

23

background. Since a trapper's welfare depended on the free but limited gifts of Nature, he looked on others as competitors. Fishermen, the modern sports fishermen included, have always been a jealous lot; another's luck produces profound and overhelming bitterness. But the Finn trusts his own powers. His basic raw material, the forest, is pliant and easily worked. An axe and a wife were all the pioneer needed to enable him to build his own house and sauna, to clear his own fields. Neighbors, let alone communities, were unnecessary. If even just a splinter of wood happened to float downstream from someone else's territory into his, this anarchist of the wilds could not rest easy until he had killed the intruding neighbor, his enemy.

All peoples were hunters, gatherers and fishers during the initial stages of their development. The sin of envy knows no national bounderies. The experience of communal life, which taught the ancient cultures of the prosperous river valleys the necessity and value of community and cooperation, has had little impact on the Finnish character. In Finland's Wheat Belt there did actually flourish a village culture similar to that found elsewhere in Europe, but before it could develop to mossy maturity it was destroyed by the agrarian reforms of a new age. To achieve the goal of increased productivity the old system, in which ploughed plots of each homestead were scattered among each other, gave way to a system in which the land was parcelled into segregated farms; and houses and barns were moved from the old villages to locations adjacent to their new farmlands. The village, once the center of the social, economic and cultural activities, disappeared, except where it survived only as an administrative and ecclesiastical unit. The church became the center of the village; it was there that the common folks, commanded to attend and carefully supervised by Lutheran officials, congregated on Sundays and church holy days. The distances between houses were great, and all too often the paths between Finnish neighbors were allowed to go to weeds. The village never really came into being in eastern Finland, in contrast to Russian Karelia. In eastern Finland more so than elsewhere, the instincts remain those of the hunter and pioneer.

It has always been difficult for Finland to provide for its people. The golden age of fish and game soon faded; clearing fields in a land of water, forest and rock was a slow and laborious process; the fickle climate of the inland reaches where the homesteaders settled meant poor harvests were frequent. The cyclical character of the climate brought good years as well. Medieval Finland's most important export to England was rye. But there were also hard times, which farmers in this marginal land of uncertain climate could ill afford.

cultures d'antan, ont appris aux hommes la nécessité et le bienfait de la coopération et de la société structurée, ont très peu pu polir ou modifier le caractère finlandais. Dans la Finlande agricole il est bien né une culture de villages, connue également ailleurs en Europe, mais elle a été détruite avant d'avoir atteint la pleine maturité par des réformes de la politique agricole du début de notre ère contemporaine . Pour des raisons techniques de productivité la répartition parcellaire a été remplacée par le remembrement. Les bâtiments d'habitation et leurs dépendances ont été transférés dans les nouvelles propriétés. Le village, en tant qu'institution sociale, économique et culturelle a disparu. Il n'a survécu qu'en tant qu'unité administrative et religieuse. L'église se trouvait au centre: c'est là où le peuple se rencontrait le dimanche et les jours de fête sous l'ordre et la surveillance des autorités luthériennes. Les maisons étaient situées loin les unes des autres: bien trop souvent l'herbe a poussé sur le sentier reliant les voisins. – En Finlande de l'Est, contrairement à la Carélie russe, aucun village ne s'est vraiment développé: les sentiments d'un Finlandais oriental tiennent encore des instincts de chasseur et de pionnier. La Finlande a toujours eu du mal à faire vivre son peuple. L'époque d'or du gibier et du poisson fut vite dépassée; le défrichement des champs au milieu de l'eau, de la forêt et des rochers était lent et pénible, les années de disette dues à un climat incertain, étaient fréquentes en Finlande centrale, où se répandait la population. Le climat connaissant des variations cycliques apportait aussi de bonnes années. Le produit d'exportation le plus important de la Finlande médiévale vers l'Angleterre était le seigle. Mais il y avait aussi de mauvaises périodes, pendant lesquelles l'agriculture de cette région d'extrême périphérie climatique était démunie. Pendant les années de disette on mangeait même les semences, et l'on mélangeait de l'écorce de pin moulue dans le pain. Les plus pauvres avaient toujours de l'écorce dans leur pain, et pratiquement rien d'autre les mauvaises années. Le navet poussait bien dans les champs récemment brûlés, la pomme de terre ne fut importée en 1760 qu' après la guerre de Poméranie. La faim et les épidémies (peste, petite vérole, choléra) ainsi que les guerres sempiternelles réduisaient la population, malheureusement, parmi les éléments les plus valables, génétiquement parlant. La Finlande tressaille encore en pensant à ces fléaux: Grande Haine, Petite Haine, Mort Noire. Le nombre d'habitants n'atteignit le million que vers le début du XIX ème siècle. L'alimentation du peuple ne commença à s' améliorer qu'à la fin du XIX ème siècle avec la réussite d'une active réforme agraire. L'influence de l'alimentation à base de lait et de viande sur le corps humain est déjà

During the lean years seed grain was also consumed and flour was supplemented with ground pine bark. While the bread of the poor always included some bark, in the bad years it contained nothing else. The turnip thrived in the ashes of slash-burnt fields and the potato was a novelty not introduced until the 1760's, after the Pomeranian War. Starvation and disease – bubonic plaque, smallpox and cholera – and continuous warfare decimated the population and carried off the most genetically valuable stock. Even today Finns shudder at mention of the various scourges: the Great Wrath, the Lesser Wrath, the Black Death. It wasn't until the end of the 19th century that the country's population reached one million, and only then, as determined agrarian reforms began to bear fruit, did the national diet begin to improve. A look at Finnish portraits from that era is revealing. The common folks' complexions are coarse and sallow, the results of a diet of bark-bread and saltfish. Compare them with the faces from the upper classes of the same period. Those plump, rosy cheeks were produced by milk, meat, butter, cream, better bread and an atmosphere of civilized well-being. Today the common folk also display the effects of meat and dairy products, particularly Finland's tall, blond youths. But in the marketplaces of inland towns such as Kuopio, Joensuu and Kemi and on isolated farms the old familiar faces of those accustomed to rye bread, salt fish and pork are still found.

Despite wars and lean years – or perhaps because of them – there has always been a ready supply of Finns for export in all directions. In the 17th century they moved to central Sweden, to an area along the border with Norway which is still known as the Finnish Forest. Finns have contributed to the population of North America since the 17th century, first settling in Delaware, then mainly in Minnesota and northern Michigan, and in Canada. Some emigrants went as far as South America and Australia. Prompted by poverty and oppression in the old country, attempts were made to establish idealistic communes based on mutual ownership and the noble principles of socialism and humanitarianism. Sadly enough, none of these ventures succeeded; Nature proved too cruel and the conflicts insurmountable.

Finnish emigrants most readily struck root and thrived in environments that resembled Finland, landscapes of forest, rock, marsh and lake such as those created by the Ice Age throughout North America. There they resumed their familiar tasks, clearing the wilds for planting, felling trees and transporting the logs, and, later, toiling in the mines. Finns may hold their heads high among the proletarian nations of the world. Few others have been required to earn their bread by pouring so much sweat into such inhospitable soil.

maintenant apparente dans les masses de la population, surtout dans la grande taille des jeunes. Mais sur la place du marché à Kuopio, à Joensuu ou à Kemi, sans parler des cabanes perdues de l'arrière pays, on voit encore des gens qui mangent du pain de seigle, du poisson salé et de la viande de porc.

Malgré la guerre et les années de disette – ou peut-être à cause d'elles – ces Finlandais ont été en nombre suffisant pour être exportés dans les quatre coins du monde. Au XVII ème siècle des Finlandais émigrèrent en Scandinavie centrale, dans une région toujours appelée «Forêts finlandaises» située près de la frontière entre la Suède et la Norvège. A partir du XVII ème siècle, les Finlandais participèrent à l'histoire de la colonisation de l'Amèrique du Nord, d'abord à Delaware, ensuite surtout au Minnesota et au Michigan du Nord et, du côté du Canada, en Ontario et en Colombie Britannique. Au XIX siècle, l'émigration finlandaise s'étendit jusqu'aux côtes de l'Océan Glacial Arctique. Même dans ces régions, les Finlandais cultivèrent leurs parcelles de terre. Ces émigrants parlaient le dialecte de la Finlande du nord (Kainuu) et ils donnèrent naissance à une nouvelle tribu, dont plusieurs familles continuèrent leur voyage vers le Michigan et ailleurs. Quelques émigrants partirent également vers l'Amérique du Sud et vers l'Australie. Ils essayèrent de constituer des sociétés idéales, basées sur le socialisme et les belles idées humanitaires, encouragées par la pauvreté et l'oppression subies dans le vieux pays. Malheureusement ces tentatives échouèrent; la nature était dure, les querelles mutuelles violentes. Les Finlandais réussirent le mieux là où les conditions rappelaient celles de la Finlande, dans les régions de forêts, de rochers, de marécages et de lacs, créés aussi ça et là en Amérique du Nord par le glacier continental. Les occupations des Finlandais étaient les mêmes que chez eux, écobuage dans les forêts, abattage et transport du bois. Parmi les peuples prolétaires, les Finlandais n'ont pas à avoir honte. Peu de peuples ont tiré leur pain d'un sol plus dur, ont eu les épaules plus en sueur. C'est ainsi que les Finlandais forment la grande société secrète des forêts sauvages de l'hémisphère nord. Ses membres ont pour code la langue finnoise, tout un monde où quelqu'un de l'extérieur n'a accès que par une porte étroite, avec beaucoup de peine et d'effort. Il faut dire qu'à cette porte, il n'y a jamais eu d'encombrement. Lorsque je passe en revue les caractéristiques les plus profondes de la Finlande, j'arrive à la conclusion que la Finlande est avant tout une entité linguistique, unie par la langue commune et séparée des voisins par celle-ci. Les frontières géographiques sont imprécises et ont changé au cours de l'histoire; les caractéristiques de sa géographie, naturelle et culturelle, ne

Living as they have in the wildernesses of the northern hemisphere, Finns have come to form a sort of secret society. Since the password is the Finnish language, outsiders must pass a long and arduous initiation before being granted admittance. To tell the truth, the number of applicants has never been very great.

If there is one characteristic which above all others distinguishes the Finnish nation, in my opinion it is the fact that we comprise a linguistic community whose shared experience of a common language both unites us within and segregates us from those without. The country's geographic boundaries, which have changed repeatedly with the course of history, are flexible; its particular landscape and culture don't terminate at either its present and past borders; the evolution of its political position has been gradual. Take away its linguistic identity and Finland might easily be part of Sweden, Norway or Russia; at various times it has, in fact, been part of both its eastern and western neighbors.

How important is language to a nation? To Finns, at least, is has been and continues to be of great importance. It is only through our language that we can discover the answers to the troubling questions of identity and origin.

Among the Finno-Ugrian languages, Finnish is second only to Hungarian in regard to number of speakers. In a Europe governed by Indo-European peoples – those speaking Germanic, Romance and Slavic languages – the Finno-Ugrians comprise a minority of separate small states of which only three – Finland, Hungary and Estonia – have independent political histories. The other Finno-Ugrian peoples are divided into tribal groups, linguistic islands in the expanses of northern Russia and Siberia. Recognition of their linguistic identities came only after the Russian Revolution with the implementation of Lenin's policies on national minorities.

Similarities within the Finno-Ugrian language family are of little practical significance. Finland and Hungary have grown so far removed from each other that their languages are just about as closely related as modern English is to classical Sanscrit. Finns understand Estonian much as Germans understand Dutch or Danish. Karelian and Vepse are closer to home.

Finnish fell victim to a force like that which exiled the Celtic languages to the western-most windswept islands of Europe after the Norman Conquest. Finland's higher culture, the leaders of its social and commercial life, first spoke Latin, then Swedish, French and German, the international languages of the European and Baltic community. Finnish, the language of the people, was frequently scorned, belittled, and occasionally suppressed.

s'arrêtent pas aux frontières actuelles ou historiques; l'évolution de l'État a été lente. Sans son identité linguistique la Finlande pourrait faire partie de la Suède, de la Norvège ou de la Russie, ce qui a d'ailleurs été le cas aussi bien à l'ouest qu'à l'est.

Quelle est l'importance de la langue pour une nation? Pour les Finlandais, elle a du moins été, et elle est toujours, capitale. Ce n'est qu'avec la langue qu'il a été possible de répondre à la question qui intéresse les Finlandais: Qui sommes-nous et d'où venons-nous? Le finnois est la deuxième grande langue de la famille finno-ougrienne après le hongrois. Dans une Europe dominée par les peuples indo-européens, parmi les locuteurs de langues germaniques, romanes et slaves, les peuples finno-ougriens sont une minorité, des débris isolés d'un peuple dont trois seulement, la Finlande, la Hongrie et l'Estonie ont une histoire politique indépendante. Les autres peuples finno-ougriens sont surtout des tribus, des îlots dans la vaste plaine de Sibérie. L'évolution de leur culture à partir de leur propre langue n'a pu commencer qu'après la grande révolution socialiste de la Russie et selon les principes de la politique nationaliste de Lénine. L'appartenance à la famille finno-ougrienne n'a que peu d'importance. Le finnois et hongrois sont tellement éloignés l'un de l'autre que l'anglais actuel doit être plus proche de l'ancien sanscrit que le finnois du hongrois. Un Finlandais comprend l'estonien comme un Allemand le hollandais ou le danois. Les langues les plus proches sont le carélien et le vepse.

Un pression égale à celle qui, après les conquêtes normandes, chassa les langues celtes sur les rochers éloignés et exposés au vent de l'Europe la plus occidentale, s'est dirigée contre la langue finnoise. La classe la plus cultivée, tout le système social et économique, a d'abord employé le latin, puis le suédois, le français, l'allemand, langues internationales de l'Europe et de la région baltique. Sa conservation et son évolution sont dues à trois facteurs: les difficultés de déplacements, les protestants et la révolution française. Le nouveau testament a été traduit en finnois en 1548. L'évêque Mikael Agricola, le réformateur finlandais, était persuadé que «celui qui pénètre dans l'esprit de chacun connaît bien la langue finnoise». L'église luthérienne devint la forge de la culture nationale finnoise. D'après les protestants, le peuple devait avoir directement accès à Dieu et à la parole de Dieu, pouvoir lire la Bible, sans l'intermédiaire des prélats. C'est pour cela que le peuple devait apprendre à lire. Le catéchisme constitua pendant des siècles, l'épreuve de maturité pour ceux qui aspiraient au sacrement du mariage. Dans les archipels et sur le littoral, les Suédois de Finlande avaient la même obligation.

Finnish owes its survival and development to three factors: poor communications, the Protestants, and the French Revolution.
The New Testament was translated into Finnish in 1548. The Finnish religious reformer Bishop Mikael Agricola was convinced that "he who would be knowledgeable must also know the Finnish language." It was the Lutheran Church that forged our national culture. The Protestants believed that men should be allowed to approach God and His Word through their own direct experience of the Bible, without the mediation of priests. So the people were taught to read. For centuries the mastering of the catechism in Finnish Sunday schools functioned as a rite of passage; those who failed were refused the sacrament of marriage. The same task was required of Swedish-speaking Finns from the islands and coast. A poor fisherman once tried to avoid the test by saying: "I'm not much for reading but I'm damned good at looking at the pictures."
The French Revolution, for its part, gave rise to the demand that all people and nations be granted an equal opportunity to develop. It awakened in small nations oppressed by Church and State an awareness of their linguistic, cultural and, consequently, political rights. National Romanticism turned to the past as a source of national identity. The history of courts and rulers came to an end; the history of nations began. With language as its impetus, the history of the Finnish nation slowly got under way. The language, once scorned as vulgar, yielded hidden treasures, the Kalevala and a living heritage of folklore which were soon put to cultural and political use. The nebulous Finnish identity of the period following the French Revolution began to coalesce around a single theme: we are not Swedish, we will not become Russian, so let us be Finnish.
The history and products of Finland's century-long struggle for independence are clearly reflected in the Finnish language. It is as much a storehouse of our nation's spiritual wealth as the land and forest are of our material resources. The Finnish language is archaic and pure, loose and free. The past, present and future flow through it unobstructed and vital. The language has absorbed its strength from its people, from their wisdom and their sense of beauty, from their intimacy with the magical primal forces of existence.
From Finland's point of view, Europe lives behind a terrible language barrier. Although the Indo-European languages may not be difficult to learn, they are so completely different in structure, vocabulary, pronunciation and even, so it often seems, the psychological processes they involve that they seem worlds apart from Finnish.

For centuries Finnish has casually avoided the

Pour sa part, la révolution française exigeait l'égalité des droits de développement de l'homme et du citoyen. Ceci éveilla chez les peuples minoritaires réprimés par l'impérialisme une revendication des droits linguistiques et culturels et à travers eux également des droits politiques. Le romantisme national recherchait les sources d'une identité nationale dans le passé. L'histoire des cours et des familles couronnées se terminait; l'histoire des peuples commençait. Petit à petit l'histoire du peuple finlandais se dessinait à travers la linguistique. Les trésors cachés du langage populaire et le monde du Kalevala furent découverts et utilisés à des fins politiques et culturelles. Pendant les années qui suivirent la révolution française, l'identité finlandaise peu sûre, endormie, se concentra autour d'un seul thème : nous ne sommes pas Suédois, nous ne deviendrons pas Russes, soyons donc Finlandais. L'histoire et les résultats de la lutte séculaire de la Finlande pour son indépendance sont directement lisibles dans la langue finnoise, qui est la réserve la plus importante des richesses nationales, comme la terre et la forêt sont la base de la richesse matérielle. Le passé, le présent et l'avenir coulent dans les veines de la langue finnoise, archaïque et pure, large et libre; sans entraves, avec vitalité. La langue a puisé son pouvoir dans le peuple, dans sa sagesse, dans son sens de la beauté, dans son intimité avec les pouvoirs magiques et primitifs de l'existence. Vue de la Finlande, l'Europe vit derrière un terrible mur linguistique. Les principales langues indo-européennes ne sont peut-être pas difficiles, mais elles sont tellement différentes du finnois qui, par sa construction, par son lexique, par sa prononciation, et semble-t-il, du point de vue psycholinguistique même, forme un monde à part. Les mots empruntés sont restés dans la langue uniquement si la prononciation convenait au finnois, sinon ils ont été transformés de manière à s'y adapter. Les mots qui convenaient à la langue, empruntés aux Germains (surtout aux Scandinaves), qui durant le premier millénaire représentaient la civilisation supérieure, ont été gardés tels quels. On les trouve sous la même forme uniquement dans la plus ancienne et la plus archaïque des langues germaniques, l'islandais. Pour les touristes, la Finlande est un pays peu commode à cause de la langue. En dehors des grandes villes et des établissements destinés aux touristes, l'étranger se perd dans la jungle d'une langue incompréhensible. Lentement, l'enseignement des langues dans les écoles (principalement de l'anglais, du suédois, de l'allemand, d'un peu de français, de russe, de latin) augmente l'aptitude et le courage de s'approcher d'un étranger en lui parlant sa propre langue. Même les gens les plus cultivés sont souvent guindés et embarrassés lorsqu'il faut s'expliquer

influence of Latin, Swedish, German, French, Russian and even English. Loan words were absorbed only if their pronunciation corresponded to that of Finnish; if they didn't, they were translated. Foreign words that did suit the Finnish tongue, words often borrowed from the Scandinavians who introduced higher culture during the first millennium, were preserved intact in Finland. Today they are found elsewhere in their original form only in that most conservative and ancient of Germanic languages, Icelandic. For the tourist Finnish is a big bite to chew. Beyond the cities and the tourist services, the foreigner becomes lost in a confusing linguistic labyrinth. The English, Swedish, German and to a lesser extent, French, Russian and Latin taught in the schools are only gradually supplying the nation with sufficient courage to enable it to speak to foreigners in their own languages. Even the educated become stiff and embarassed when a situation requires them to speak a foreign language.

When its international importance is no greater than that of Finnish, why then is Swedish taught in our schools? Because it is our second official language; not only the language of an ethnic minority group but also a language of our national culture and history and an important part of Finland's heritage. Those in Finland whose native tongue is Swedish are the descendants either of the Swedes who were sent to populate the coast in the 13th century or of the Finns who during the course of the centuries left the ranks of the Finnish-speaking masses to join the Swedish-speaking nobility and bourgeoisie. This process also occurred in reverse: many descendants of Swedish-speaking Finns, having embraced the political and cultural nationalism of the 19th century, speak Finnish. The Swedish spoken in Finland differs more and more from that of Sweden. The influence of the country's main language has been great even on the pronunciation of Swedish. Our Swedish heritage is a source of pride and joy to the nation. The first enthusiastic descriptions of Finland, the Finns and even the Finnish language, inspired by patriotism and the romanticism of the 19th century, were written in Swedish.

Protected by the constitution and honored in practice, Finland's bilingualism also reveals something of the nation's basic nature. Finland is a protestant country with close historical, economic, cultural and commercial ties with the Nordic family of peoples. The world of Finland and the Finns encompasses the world of the Baltic and its shores, the Gulf of Bothnia and the Arctic Sea. Within this area its closest companions in work and trade and cooperation are the Swedes, Norwegians, Danes and Icelanders, and farther off, the Germans and British.

dans une autre langue que la leur. Pourquoi enseigne-t-on dans les écoles finlandaises le suédois, dont l'emploi international n'est pas beaucoup plus étendu que celui du finnois? Parce que le suédois est la deuxième langue de l'histoire et de la culture nationales, une partie essentielle du patrimoine de la Finlande et des Finlandais. Le suédois est parlé en Finlande comme langue maternelle par les descendants des Suédois qui, au XIIIe siècle, ont été transplantés sur les côtes finlandaises, et par les descendants des Finnois qui, au cours des siècles, sont passés du monde du menu peuple dans le monde de la noblesse et de la bourgeoisie parlant suédois. Mais il y a également beaucoup de descendants des Suédois en Finlande qui parlent le finnois après avoir approuvé le plan politique et culturel du nationalisme finnois du XIX ème siècle. Le suèdois parlé en Finlande est de plus en plus différent du suèdois parlé en Suède. Sa prononciation est plus proche de celle du finnois que du suédois de Suède: la langue principale, le finnois a eu son influence. La culture de langue suédoise est en Finlande source de joie et de fierté. Les premières descriptions exaltées, inspirées par le patriotisme, chères aux romantiques du XIX ème siècle, sur la Finlande, sur les Finlandais, et même sur la langue finnoise, ont été écrites en suédois. Le bilinguisme de la Finlande, confirmé par la constitution et respecté dans la pratique, démontre en même temps le caractère fondamental du pays: la Finlande est un Pays Nordique protestant, étroitement lié à la famille des peuples du Nord par des liens historiques, économiques et culturels et les communications. Le monde de la Finlande et des Finlandais est celui de la Mer Baltique avec ses golfes, de la Mer du Nord et de l'Océan Arctique. Dans cette région les partenaires du travail et du commerce sont les Suédois, les Norvégiens, les Danois et les Islandais, un peu plus loin les Allemands et les Anglais. L'histoire politique de la Finlande a été façonnée dans le Nord par la lutte entre la Suède et la Russie et, de ce fait, entre Rome et Byzance. Malgré eux, les Finlandais ont été liés par le feu et l'épée à l'Europe indo-germanique, dont l'âme comme la langue lui étaient étrangères. Saint Erik, roi d'une Suède qui venait de s'unifier, et l'évêque Henri d'Upsala servaient le Pape de Rome lorsqu'ils dirigèrent la première croisade vers la Finlande en 1155. Les Finlandais, rébarbatifs et obstinés, s'y opposèrent; mais sous l'épée, il leur fallut se plier et se faire baptiser à la source de Kupittaa, près de Turku. D'après la légende, l'évêque Henri fut tué sur le lac glacé de Köyliöjärvi de la hache d'un paysan, Lalli; celui-ci prétendit que l'évêque avait fait des avances à sa femme. Lalli est devenu un héros populaire, Henri le saint national de la Finlande et Turku la capitale administrative de la Finlande chrétienne: de là, il était facile de

The political history of Finland has been shaped by the power struggle between Sweden and Russia, and beyond that, the conflict in the North between Rome and Byzantium.

It took fire and the sword to join the Finns to an Indo-Germanic Europe which was alien to them in both language and thought. Eric, ruler of the new unified Swedish kingdom, and Bishop Henrik of Uppsala served God and the Roman Pope by sending a crusade to Finland in 1155. The sullen, obstinate Finns resisted but in the end were forced to bow to the sword and accept baptism at the Well of Kupittaa near Turku. According to legend, Bishop Henrik was slain on the ice of Lake Köyliö by an axe-wielding farmer called Lalli who claimed that the bishop had been eyeing his wife. Lalli became a national hero, the bishop was made the country's patron saint, and Turku became the capital of Christian Finland. From Turku, there was a route of quick escape through the archipelago to Sweden, Gotland, Germany and beyond. Turku, Aboa in Latin, became the center of commerce and learning on the Finnish peninsula, the bridgehead of Europe and Rome. Rome viewed the first crusade as a success, and others followed. On their march through the gloomy forests of the ancient gods, the cross-bearing victors left behind them a trail of scattered monuments: the castles of Turku, Hämeenlinna, Olavinlinna, Kajaani, and others. Viipuri Castle, now in Soviet territory, was the strategic center of the northern theater in the conflict between Rome and Byzantium.
The rising power of Russia put to an end the spread of the Roman Catholic faith in the East. Prince Alexander of Novgorod defeated the English-born Bishop Thomas of Finland in the Battle of Neva in 1240. This battle drew a line of demarcation between the Christian East and West, a border which was reinforced two years later when the western Knights of the Sword were defeated in a battle on the ice of Lake Peipus. Since then the line has shifted only slightly. Finnish tribes were left on both sides of this border. Karelia's position between East and West is analogous to that of Alsace-Lorraine between France and Germany: beautiful, disputed, longed for. Eastern Karelia continued to develop as the northernmost outpost of Byzantium, while western Karelia often became a battlefield which, depending on the vicissitudes of war, sometimes fell to Russia and sometimes to Finland. At the close of World War Two Viipuri and most of Finnish Karelia were ceded to the Soviet Union at the Paris Peace Conference. The Karelians moved west to other parts of Finland, bringing with them their sunny dispositions, their joyful dialect, their laughter and tales, their political and social institutions. The rest of

circuler et au besoin de reculer à travers l'archipel vers la Suède, vers Gottland ou vers l'Allemagne, n'importe où. Turku est devenu le point stratégique de l'Europe, de Rome, des livres et du commerce sur la péninsule finlandaise. Du point de vue romain la première croisade fut un succès et l'on continua les tentatives. Le triomphe de la croix dans les forêts hostiles des anciens dieux familiers fut consacré par quelques rares châteaux historiques: les châteaux de Turku, de Hämeenlinna, d'Olavinlinna, de Kajaani en ruines, etc. Celui de Viipuri, centre stratégique du théâtre nordique de la lutte entre Rome et Byzance, est resté du côté de l'URSS. L'extension vers l'est de l'église catholique romaine fut arrêtée par la puissance ascendante de la Russie. Le prince de Novgorod, Alexandre, battit les troupes de Thomas, évêque de Finlande, de naissance anglaise, à la bataille de la Neva en 1240, obtenant alors le surnom de Nevski. Après cette bataille et après le combat qui eut lieu deux ans plus tard sur le lac gelé de Peipusjärvi, où les Chevaliers de l'Ordre de l'Epée occidentaux furent battus, la ligne de démarcation entre l'Est et l'Ouest chrétiens se situait à son emplacement quasi définitif. Des tribus finlandaises restèrent des deux côtés de cette ligne. La Carélie se trouve entre l'Est et l'Ouest comme l'Alsace et la Lorraine entre la France et l'Allemagne: belle, disputée, désirée. La Carélie de l'Est continua à se développer comme la périphérie septentrionale de Byzance; la Carélie de l'Ouest servit souvent de théâtre de guerre et, suivant le sort, appartint tantôt à la Russie, tantôt à la Finlande. Après la deuxième guerre mondiale, Viborg et la plus grande partie de l'ancienne Carélie finlandaise furent cédés à l'URSS, lors du traité de paix de Paris. Les Caréliens se retirèrent vers l'ouest, dans d'autres régions de Finlande, y apportant leur caractère gai, leur dialecte alerte, leurs chansons et leurs contes, leurs institutions politiques et sociales. Le reste de la Finlande leur ménagea de la place: des terrains furent cédés pour y installer les évacués. La coexistence des Caréliens et des autres Finlandais engendra des frictions, mais contribua aussi à mettre en route une évolution dans les provinces insociables de l'ouest. La Carélie est une bande claire dans la tapisserie folklorique de la culture finlandaise, l'église orthodoxe est la deuxième église d'Etat.

Pendant sept cents ans, la Finlande a été une partie essentielle du vieux royaume de Suède et l'axe Turku–Stockholm un nerf vital du royaume. Le roi de Suède représentait pour les Finlandais la majesté désignée par Dieu, à l'élection de laquelle, tant qu'elle eut lieu, les hommes finlandais participaient sur les pierres de Mora. La Finlande était un grand-duché et, sur ses armoiries, le lion portant une épée à croix et

Finland made room for them; land was provided for resettling the immigrants. The close proximity of Karelians and other Finns did produce some friction, but it also sparked development in the surly western provinces. Karelia is a bright stripe in the tapestry of Finnish culture, the Orthodox faith our second state church.

For seven hundred years Finland was an essential element of the old Swedish realm and the link between Stockholm and Turku one of its main life lines. To Finns the Swedish monarch ruled them by divine right, and for as long as such elections took place Finland's men participated in electing their ruler. Finland was a grand duchy and its coat-of-arms, on which a lion bearing a cross-like sword of the West tramples a Byzantine scimitar, may be seen in its original form in the Cathedral of Uppsala on the tomb of the first great king of Sweden-Finland, Gustavus Vasa. Stockholm was the first capital of Finland, and on the hill of the Royal Palace the church of the Finnish congregation is still in active daily use.
A statue of Charles XII also stands in Stockholm. Defiantly the young king points his sword to the east. In Leningrad there is an equestrian statue of Peter the Great; his sword points defiantly westward. Their gestures symbolize the history of warfare in Finland, for in the fashionable wars of conquest of the 17th and 18th centuries Finland served as no man's land, battleground, front and booty.
Charles XII's defeat in the Great Northern War of 1700–1721 marked the beginning of the decline of the Swedish empire. Soon forgotten, Finland became improverished. In 1807 Napoleon and Alexander I agreed in Tilsit that Sweden would relinquish Finland, which Russia would then annex to its empire. The Finnish army, poor and neglected but determined and faithful, tried to defend the faded banners of the old Swedish realm in the Finnish War of 1808–09, but to no avail. The cornerstone of modern Finland was laid in 1809 at the Porvoo Diet, where the Russian Czar, now also the new Grand Duke of Finland, came to accept oaths of allegiance from his new subjects. In his speech – which he made in French – Alexander I, a member of the Holstein-Gottorp family, proclaimed himself constitutional ruler of the Grand Duchy and promised to maintain the faith and laws of Finland. In doing so he raised Finland, as historians have beautifully phrased it, to a nation among nations.
The Finnish estates-general at the meeting actually heaved a sigh of relief. Their position and rights were secure under a constitution granted by another member of the Holstein-Gottorp family, Swedish king Gustavus III. They were weary of constant warfare and the intrigues of politicians in Stockholm. In Sweden, too, the old

marchant sur le sabre de Byzance se trouve dans sa forme originelle à la cathédrale d'Upsala sur la pierre tombale de Gustave Vasa, le premier grand souverain de la Suède-Finlande. Stockholm a été la première capitale de la Finlande et là-bas, sur la colline du palais royal, se trouve l'église de la paroisse finlandaise de Stockholm, toujours très active. A Stockholm se trouve aussi la statue de Charles XII. Le jeune roi pointe avec défi son épée vers l'est. La statue équestre de Pierre le Grand est à Leningrad: son épée est dirigée vers l'ouest, menaçante. La tension existant entre ces deux statues raconte l'histoire des guerres finlandaises, ce pays ayant été un «no man's land», un champ de bataille, la ligne de front et le butin des guerres de conquête à la mode aux XVIIèm et XVIII ème siècles.
Charles XII perdit la Grande Guerre du Nord et le déclin du royaume de Suède commença. La Finlande tomba dans l'oubli et s'appauvrit. A Tilsit, en 1807, Napoléon et Alexandre Ier décidèrent que la Suède perdrait la Finlande, qui serait rattachée à l'empire russe. Pendant la Guerre de Finlande, en 1808–09 l'armée finlandaise, pauvre, négligée mais courageuse et fidèle, essaya de défendre les banderoles aux couleurs passées du vieux royaume de Suède, mais en vain. La première pierre de la Finlande moderne fut déposée à la Diète de Porvoo, en 1809, où le tzar de Russie, le nouveau Grand-Duc, s'était rendu pour recevoir le serment de ses nouveaux sujets. Dans son discours, prononcé en français, Alexandre Ier, de la famille des Holstein-Gottorp, se déclara souverain constitutionnel du Grand-Duché, s'engagea à préserver la religion et les lois de la Finlande et, comme le disent si joliment les historiens, éleva la Finlande au rang de nation parmi les nations. Rassemblée à Porvoo, la Diète finlandaise, dont la position et les pouvoirs étaient basés sur la loi de Gustave III (de la famille Holstein-Gottorp, lui aussi) poussa un soupir de soulagement. On était lassé des guerres continuelles et des intrigues des politiciens de Stockholm.
La puissance du tzar, elle, venait toujours de Dieu, et non d'un général révolutionnaire. La Russie était un grand empire coloré, multinational: le grand-duché se préparait à une aventure qui allait durer cent ans.
La Diéte de Porvoo était le deuxième acte d'une pièce à succès très colorée sur l'histoire de la vie mondaine en Finlande. Alexandre Ier charma avec sa suite les grandes dames et les demoiselles de Finlande habituées à se contenter de peu; de même le Duc de Finlande Jean et son épouse de naissance polonaise Catharina Jagellonica avaient charmé les bourgeois et le peuple de la ville de Turku avec leur cour renaissance à la fin du moyen âge au château de cette ville.

regime was breathing its last. Before long Napoleon would place his bourgeois marshal Bernadotte on the Swedish throne. Sweden's role as a major power ended with the War of 1808–1809. All that remained of the modest empire was a small nation which since then has fought no wars.

But the Russian Czar's power came from God and not from a revolutionary general. Russia was a vast, colorful, multinational empire. The Grand Duchy girded itself for an adventure that was to last for just over a century.

The Porvoo Diet was the second colorful event in the history of Finnish social life. Alexander I and his entourage charmed the ladies of Finland's high society; accustomed to having very little, they were easily satisfied. Likewise in the late Middle Ages John, Duke of Finland and his Polish wife Catharina Jagellonica, had dazzled the burghers of the town with their renaissance court at Turku Castle.

Helsinki's Senate Square, built on a grand but nevertheless human scale, is one of the most beautiful squares in Europe. One of the most remarkable achievements of Neo-classicism at its height, it reflects the international styles popular at the beginning of the 19th century, styles which suited the Finnish landscape just as well as the plains and marshes in St. Petersburg.

Gustavus Vasa founded Helsinki and had its first citizens imported there by force from other towns. But even as late as the War of 1808–1809 Helsinki was still just a country village. The group of fortified islands which lies off its coast was much more impressive: Viapori, whose name is a

La Place du Sénat est une des plus belles de l'Europe: tout en étant solennelle elle garde des dimensions humaines. Elle appartient aux réalisations les plus importantes du néo-classicisme et reflète les courants internationaux du début du XIX ème siècle qui s'adaptent bien aux paysages finlandais, mais aussi – à St Petersbourg – aux plaines et aux marécages de l'embouchure de la Neva.

Gustave Vasa avait fondé Helsinki et y avait installé des bourgeois venant d'autres villes. Mais l'eau apportée n'était pas restée dans le puits. Pendant la Guerre de Finlande, Helsinki était toujours une ville sans importance. Il y avait une disproportion entre elle et le groupe d'îles fortifiées nommées Viapori, en suédois Sveaborg (château de Suède), appelées plus tard Suomenlinna (château de Finlande) se trouvant en face d'elle. Le vieux royaume de Suède avait emprunté de l'argent à la France pour fortifier sa défense maritime vers l'Est. Viapori avait la renommée de "Gibraltar du Nord" et cette fortification figurait parmi les constructions les plus importantes de l'époque. Pendant la Guerre de Finlande, Viapori s'est pourtant rendu sans tirer un seul coup: ce n'étaient pas les fortifications qui faisaient défaut, mais le moral des commandants suédois. L'importance de Suomenlinna se situe davantage sur le plan de la culture et du mode de vie que sur celui de l'art militaire. Alors que Helsinki était encore un village, la vie mondaine fleurissait déjà à Viapori. Le petit peuple originaire de la Finlande centrale, venu à Viapori pour être soldat ou pour aider à la construction de la forteresse, retourna à la campagne en ramenant des lilas pour orner les

26. Waterways have acted as important routes of transportation for thousands of years. Even today inland vessels are often the only form of transport to the islands.
27. The Koli hillscape region on the western shore of Pielinen Lake is the most remarkable attraction in eastern Finland.
28. Countless lakes offer the camper an opportunity for recreation and relaxation.
29. Heinijoki, one of Kainuu's several wilderness rivers. In the background, Hepoköngäs.
30. An old net rack in Viitasaari.

26. Les voies fluviales ou lacustres ont été, pendant des milliers d'années, des itinéraires importants. Même actuellement la circulation vers les îles n'est souvent assurée que par bateau.
27. Un des sites les plus imposants, le paysage s'ouvrant sur le lac Pielinen, vu du mont Koli, en Finlande de l'Est.
28. Les innombrables lacs offrent aux excursionnistes une possibilité de détente et de loisir.
29. Heinijoki, l'une des nombreuses rivières sauvages du Kainuu. Au fond, les chutes de Hepoköngäs.
30. Vieux hangar à filets.

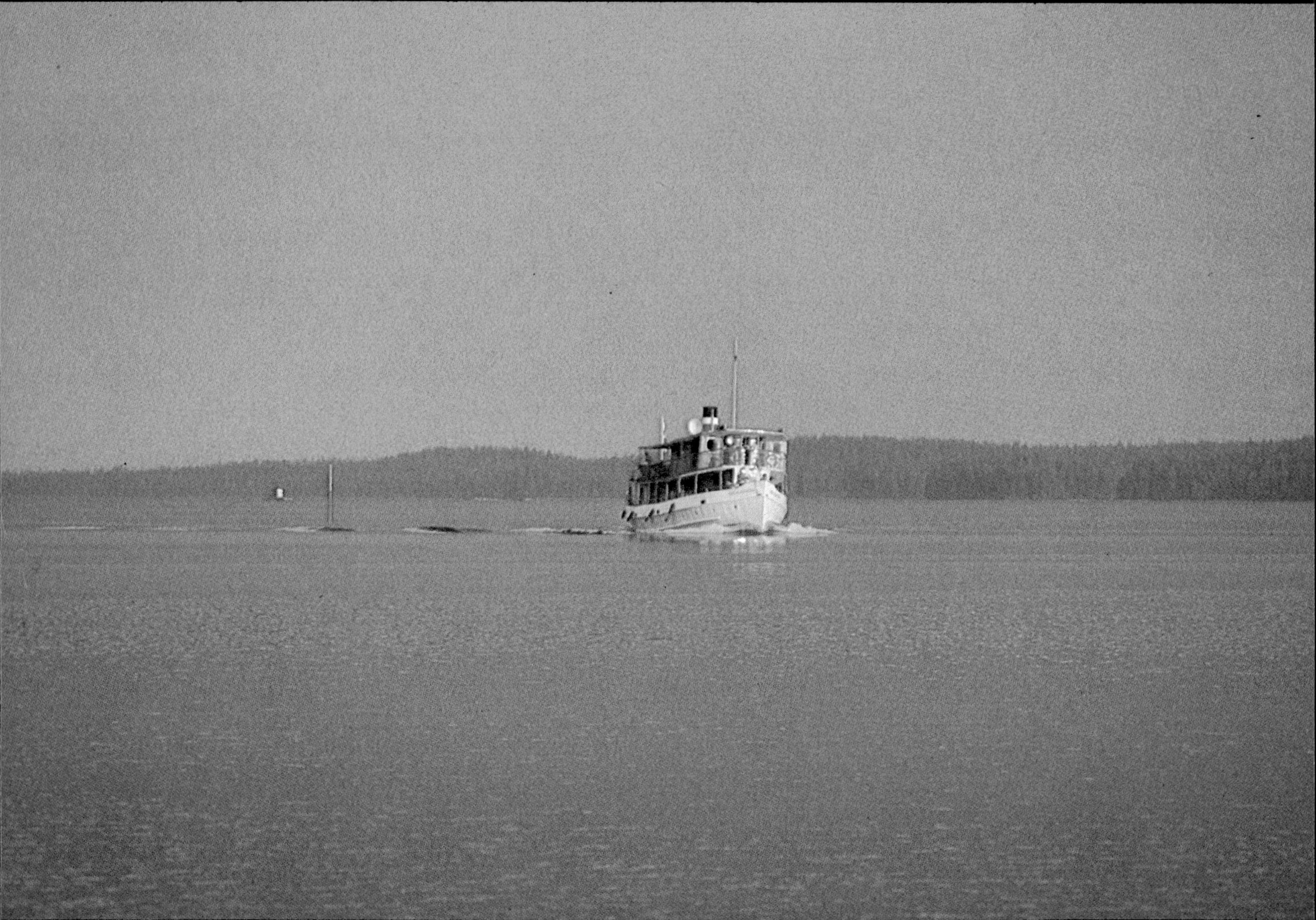

31

32

33

34

31–34. Most of Finland's nearly one million saunas are located near water. The sauna has always been an integral part of the Finnish way of life. For hundreds of years it was more than a place to bathe; it served many other purposes. For example, it was there that mash was prepared and meat was smoked. Childbirth usually took place in the sauna.
The sauna offers the modern man a wonderful way to relax. Sauna steam seems to make it easy for the Finn to discuss virtually any topic, even politics and traffic problems. Modern saunas haven't managed to replace the old traditional smoke sauna, which is still generally considered the best type.

35. A country landscape from Viitasaari. Inhabitants are concentrated mainly along waterways.

36. Virgin spruce forest. Mustakorpi, Seinäjoki.

37–39. The felling of trees usually takes place in winter. The timber is taken to waterways and floated as soon as the ice goes out.

31–34. Parmi le million de saunas de la Finlande, beaucoup sont situés au bord de l'eau. Le sauna fait partie du mode de vie finlandais depuis toujours. Pendant des siècles il a non seulement été un endroit pour se laver mais on l'a aussi utilisé pour le maltage et pour fumer la viande. Les accouchements avaient en général lieu dans un sauna. Pour l'homme moderne il offre une excellente possibilité de se détendre. Dans la vapeur du sauna, le Finlandais parle facilement des sujets les plus divers, même de la politique et des affaires. Les saunas modernes n'ont pas détrôné le sauna traditionnel sans cheminée, qui est toujours considéré comme le meilleur des types de sauna.

35. Paysage de campagne à Viitasaari. Les habitations sont en général situées à proximité de l'eau.

36. Forêt de sapins intacte. Mustakorpi à Seinäjoki.

37–39. L'abattage des arbres a généralement lieu en hiver. On rassemble les troncs près des cours d'eau pour le transport et leur flottage commence dès le dégel.

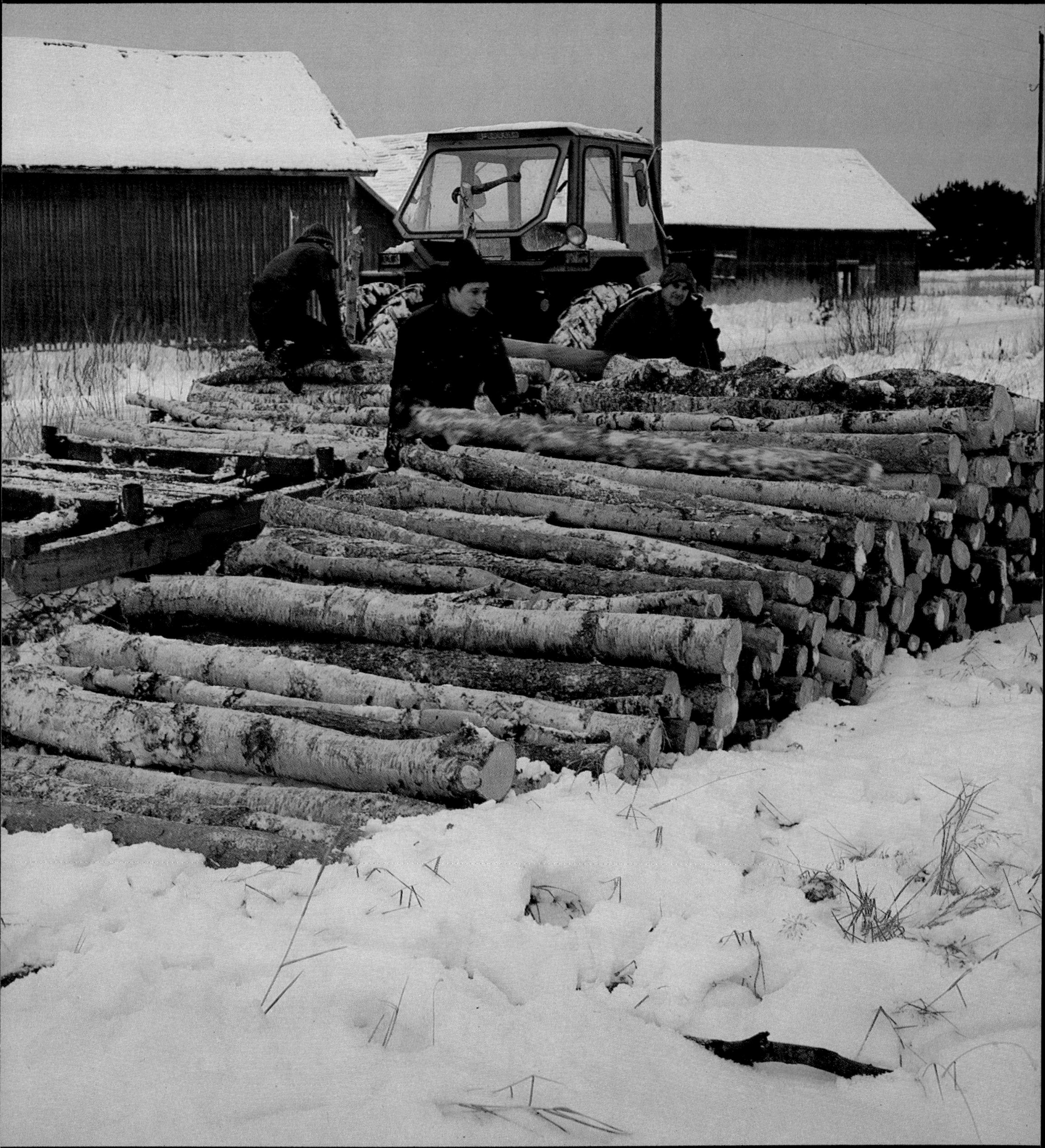

corruption of the Swedish Sveaborg or the Castle of Sweden. With the coming of Finnish independence in 1917 the name was translated to Suomenlinna, the castle of Finland. The old and crumbling Swedish empire, hoping to strengthen its defenses in the east, borrowed money from France to construct this fortress. Viapori was reputed to be the Gibraltar of the North and indeed it was once of the most remarkable military structures of its time. Nonetheless, the fortress was surrended during the War of 1808–1809 without a shot being fired. But it wasn't the fortifications that gave way, it was the morale of their Swedish commanders. Viapori's value lay in its cultural and social significance rather than in its role as a center of the military arts. While Helsinki was still a village, social life at Viapori was flowering. The lilac bushes now so common around the little red farmhouses in the countryside were first introduced into Finland at Viapori. The common folk, soldiers and construction workers then carried cuttings home with them to their inland farms.

Construction of the neo-classical style administrative center of Helsinki was begun while the town contained a mere 4 000 inhabitants. The Czar, Grand Duke of Finland, obviously had great faith in the future of his Grand Duchy, a faith actively reinforced by Finnish government officials who lived in Helsinki and St. Peterburg. Turku, the old administrative center, remained sympathetic to Sweden. Conservative and revengeful, it was too far from St. Petersburg and too close to Stockholm. So a new capital was to be built and the seat of government and the university transferred there; only the bishopric, which no one dared touch, would remain where it was. A fire which devastated Turku in 1817 assisted the Grand Duke and his advisors in their plans: since new buildings were needed, they would be built in Helsinki. But it wasn't always a question of necessity. The Grand Duchy was to be an impressive stage for the Emperor. In the small parish of Eckerö on the island of Åland a two-storey neo-classical edifice over eighty cubits long was constructed to house the post office, its thirty windows facing the Åland Sea, a reminder to the bourgeois King of a poor and weak Sweden of the power and the glory of Alexander.

Around the Senate Square are the buildings of the institutions which have been responsible for guiding and governing the destiny of Finland. All are dominated by the dome of the Lutheran Cathedral, below which the twelve apostles stand gazing out over the city. The building on the east side of the square is the palace of the Council of State, previously the Imperial Senate of Finland, from which Finland has been governed without interruption for over a century and a half. Each Thursday at one o'clock the cabinet convenes

bordures des maisonnettes rouges.

La construction du centre administratif néoclassique de Helsinki débuta alors qu'il y avait en tout 4000 habitants dans toute la ville. L'empereur, grand-duc de Finlande, croyait probablement à l'avenir de son grand-duché. Sa foi fut maintenue par les Finlandais qui étaient à la tête de l'administration aussi bien à Helsinki qu'à St Petersbourg. Turku, l'ancienne cité administrative, était trop suédoise, conservatrice, revancharde, trop loin de St Petersbourg, trop près de Stockholm. C'est pour cela qu'il fallait construire une nouvelle capitale, y transférer l'administration (le siège épiscopal excepté, car on n'osait y toucher) et l'université. L'incendie qui dévasta la ville de Turku contribua à la réalisation des projets du grand-duc et de ses conseils: puisqu'il fallait reconstruire, autant le faire à Helsinki. Autrement, les bâtiments ne répondaient pas toujours à une nécessité; le grand-duché avait besoin d'un cadre impérial: Dans la petite commune d'Eckerö en Aland l' on construisit par exemple un bureau de postes à deux étages, style empire, d'une longueur de 80 aunes. Ses trente fenêtres vers la Mer Baltique devaient dire au roi bourgeois de la Suède appauvrie, la grandeur et la puissance d'Alexandre. Autour de la Place du Sénat sont groupés les bâtiments des administrations qui ont dominé et dirigé le destin de la Finlande. La coupole de la cathédrale, autour de laquelle douze apôtres regardent dans toutes les directions, en est le point culminant. A l'est est situé le Palais du Gouvernement, ancien Palais du Sénat Impérial de Finlande, d'où le pays a été gouverné jusqu'à nos jours sans interruption, de semaine en semaine, pendant plus d'un siècle et demi. Tous les jeudis le Gouvernement finlandais y siège à partir de 13 heures et tous les vendredis à 11 heures il présente au Président de la République les affaires qui demandent son intervention. Dans un des couloirs du Sénat, en juin 1904, Eugen Schaumann, défenseur de l'indépendance, tira sur le Gouverneur-Général russe, Nikolaï Bobrikoff, représentant du tzar. Le grand-duché se rebellait contre l'empire, car il considérait que celui-ci avait rompu le serment solennel prêté par le tzar à la Diète de Porvoo. En même temps que les relations se rompaient en 1899, il y eut une grande inondation en Finlande. Çà et là, au bord de l'eau, sur les rochers, reste une ligne désignant la hauteur de l'eau: "la ligne du serment trahi", dit-on.

En face du Palais du Gouvernement se trouve l'Université de Helsinki qui continue la tâche de l'ancienne académie de Turku, "la Sorbonne finlandaise", avec ses privilèges et ses libertés confirmés par la constitution. L'université formait les fonctionnaires et les prêtres, les juges, les médecins et les professeurs pour la Finlande. Elle

there, and on Fridays at eleven it presents to the chief of state, the President of the Republic, those affairs of state that require his decision. It was there, in the foyer of this building, in June of 1904 that the Finnish patriot Eugen Schauman shot and killed the Russian Governor-General Nikolai Bobrikoff, representative of the Grand Duke. The Grand Duchy was about to take up arms against the Russian empire, which it felt had broken the vow made by the Czar at the Porvoo Diet. In 1899, as relations broke down, Finland was hit by disastrous floods. Coastal rocks still display the high-water marks, referred to even today as "the tide of broken vows."

Opposite the Council of State stands the University of Helsinki, which carries on the traditions of the old Turku Academy. This Finnish Sorbonne is guaranteed autonomy and special privileges by the constitution. It has educated Finland's administrators, churchmen, judges, doctors and teachers. It has acted as an important ideological and spiritual forum, often in opposition to the conservative Senate. Even at that, the usual official career led across the Senate Square from the University to the Senate.

On the south side of the square are the modest buildings of the courts: the municipal court, magistrate and police. On the southeast corner there stands one of the few extant reminders of the old Swedish regime, a small, gambrel-roofed house commissioned by a merchant called Cederholm; King Gustavus IV Adolphus spent a night there in 1802.

A statue of Czar Alexander II commands the square. The noble ruler stares absently at the roof of the Police Station. At his feet lies the docile lion

était le forum le plus important des courants spirituels et idéologiques, souvent en opposition avec le Sénat traditionnaliste. Souvent cependant un poste de fonctionnaire menait à travers la place, de l'Université au Sénat.

Les gardiens de la loi, le tribunal de grande instance, la municipalité et la police, demeuraient au sud de la place, dans les bâtiments plus modestes. La petite maison au toit mansardé qui fut construite au sud-est de la place comme résidence privée par un grand çommerçant, M. Sederholm, est parmi les seuls souvenirs du règne suédois: c'est là qu'en 1802 notre roi Gustave Adolphe passa la nuit en traversant la Finlande. La statue d'Alexandre II domine la place. Le noble souverain regarde distraitement le toit de la Préfecture de police. A ses pieds on voit le lion docile de la Finlande et sur les côtés du piedéstal figurent les représentants du peuple finlandais, travailleurs, humbles, fidèles et modestes. Les tables de la loi symbolisent l'idée: "Une nation doit se construire par la loi."

Pourquoi cette statue a-t-elle été édifiée à Alexandre II et non à Alexandre Ier qui fit construire ce centre monumental, et qui voulait être un grand-duc libéral conforme à la constitution finlandaise, de façon à ce que, si cela avait réussi, cette Finlande, laboratoire de la démocratie et de la liberté, eût pu être l'exemple d'un constitutionnalisme et de l'esprit du renouveau également en Russie? Parce que les idées d'Alexandre Ier changèrent au fur et à mesure que la Révolution française s'éloigna dans le temps et que la Sainte Alliance gagna du terrain. Les statues sont dressées par des vieillards grisonnants en souvenir des hommes

40. The Neste skyscraper near Tapiola, an example of architecture of the 70's.
41. The western highway efficiently links many suburbs to Helsinki. In the background, Tapiola's apartment buildings.
42. Merihaka, downtown Helsinki's newest residential area.
43–44. The two seasons of Helsinki residents.
45. Helsinki is the country's most important port. There are daily carferry connections to Sweden.
46. The Finlandia House, a modern concert and convention center in the heart of Helsinki, was designed by Alvar Aalto. The Conference on European Security and Cooperation was held here in 1975, shortly after construction was completed.
47. Alvar Aalto designed the building to the last detail.

40. Le gratte-ciel de la Société Neste Oy, près de Tapiola, est un exemple d'architecture des années 70.
41. L'autoroute de l'ouest rattache plusieurs villes de banlieue à Helsinki.
42. Merihaka, un des quartiers les plus récents du vieux Helsinki.
43–44. Les deux saisons de l'habitant de Helsinki.
45. Helsinki est le plus important des ports de Finlande. Les liaisons par car-ferries vers la Suède sont quotidiennes.
46. Le Palais Finlandia, dessinè par Alvar Aalto, situé au coeur de Helsinki est un centre moderne de concerts et de congrès. La Conférence pour la Sécurité et la Coopération en Europe, tenue en 1975, eut lieu dans ce palais dont la construction venait de se terminer.
47. Alvar Aalto a conçu ce palais jusque dans les moindres détails.

43   44

of Finland and to one side stand the industrious, humble, faithful and easily contented common folk. The symbols of law and justice hold a central position: "A nation is built by law."

Why does the statue depict Alexander II? It was the first Alexander who was responsible for all this splendor, whose desire it was to be a liberal, constitutional and noble ruler, who viewed Finland as an experiment in democracy and freedom which – had it succeeded – would have sown the seeds of consitutionalism and reform even in Russia itself. The explanation lies in the fact that, as the French Revolution receded farther and farther into the past and the effects of the Holy Alliance became stronger, Alexander I changed his mind.

Statues are raised by graying old men to those they worshiped when young. Few were the Finns who supported Alexander I after the radicalism of his youth had waned. And fewer still supported Nicholas I, a hardened reactionary patriarch who honored Finland's rights and laws only out of conservatism. Still, just a few steps away from the main square Alexander I has been provided with his own lofty niche at the center of a frieze that decorates the House of Estates. There he stands, surrounded by nobles, commoners and the heroes of the Kalevala, reminding us of the vow made at Porvoo.

It was Alexander II who freed the Russian serfs. He also liberated Finland's language and its cultural, social and economic life from the darkness of Nicholas I's reign – or more accurately, from the Holy Alliance. For over half a century Finland was governed by mere bureaucrats. It was not until 1863 that Alexander II, at the urging of progressive Finns, convened the Diet. Within a radius of a few hundred meters from Alexander II's statue the results of that social explosion are preserved: the Bank of Finland with the statue of J. V. Snellman, national philosopher, strict Hegelian and creator of the Finnish mark; the House of Estates, once the meeting place of the Diet, now of learned societies; and the Finnish Literature Society. The statue of Alexander II served as propaganda for the constitutionalists and Finnish nationalists. Following the Russian Revolution, youthful chauvinists demanded that the statue be destroyed, but nothing came of it. The constitutionalists had gained control in the republic which was quietly proclaimed on December 6, 1917. The break with Russia was recognized in Petrograd by V.I. Lenin on the last day of that same year. Finland, an important place of asylum and base of operations for Russian revolutionaries, was on its own. Within one century it had broken away from two empires. But it still retained something of each: the laws, social institutions, Gustavian humanism and

par lesquels ils juraient étant jeunes. Personne en Finlande ne croyait en Alexandre Ier, une fois le radicalisme de sa jeunesse évaporé, et encore moins en Nicolas Ier, patriarche réactionnaire qui ne respectait les lois et les privilèges de la Finlande que par conservatisme. Alexandre Ier a cependant une place élevée un peu plus loin, au milieu de la frise du Palais des Etats, entouré par ceux-ci, par le peuple et par les figures du Kalevala, en commémoration du serment de Porvoo.

Alexandre II fut le tzar qui libéra les serfs en Russie, ainsi que la langue et la civilisation, la vie économique et sociale de la Finlande des chaînes de l'oeuvre politique du règne de Nicolas Ier, c'est-à-dire de la Sainte Alliance. Pendant plus d'un demi-siècle le pays fut uniquement gouverné par les bureaucrates. Ce n'est qu'en 1863 qu'Alexandre II convoqua la Diète suivant les conseils de la Finlande progressiste victorieuse. A quelques centaines de mètres de la statue d'Alexandre II se trouve la lave de cette éruption volcanique: la Banque de Finlande devant laquelle est située la statue du philosophe national J. V. Snellman, strict hégélien, créateur du mark finlandais, et Palais des Etats, lieu de rassemblement de la Diète, actuellement Palais des Sociétés Scientifiques, la Société de la Littérature Finlandaise. La statue d'Alexandre II servait de propagande pour le mouvement nationaliste et pour les constitutionnalistes. Après la révolution russe, la jeunesse extrême-patriotiste revendiqua la destruction de la statue, mais elle n'obtint pas satisfaction: le patriotisme constitutionnel avait pris le pouvoir de la république, discrètement proclamée le 6 décembre 1917 et dont le détachement de la Russie fut signé par V.I. Lénine à Pétrograd le dernier jour de l'année 1917. La Finlande, base importante et refuge des révolutionnaires russes, partait sur son propre chemin, perdait déjà son deuxième empire en un peu plus d'un siècle, héritant cependant quelque chose des deux; la loi et les administrations, l'humanisme gustavien et le rationalisme de l'ancienne Suède, le cosmopolitisme et le goût pour la grandeur de l'ancien empire russe.

L'image de la Finlande est née, il y a cent ans, lorsqu'elle fut découverte en tant que nation et paysage. Le sentiment nationaliste qui s'éveillait et le patriotisme furent projetés sur le peuple ainsi que sur le paysage finlandais. Les deux furent idéalisés dans l'esprit néo-romantique de l'époque. Selon les doctrines de l'Ecole de Düsseldorf les paysages finlandais étaient peints grandioses, beaux, verdoyants etc. Le peuple, lui, était représenté noble, calme, travailleur, croyant, fier même dans sa pauvreté. L'art au seuil du nouveau siècle donne de la Finlande une

rationalism of the old Swedish realm; and the preference for the grand and the cosmopolitanism of the old Russian empire.

The modern image of Finland originated one hundred years ago just as the country began to emerge as a separate identity. Both the people and the landscape reflected the newly awakened feelings of nationalism and patriotism. Romanticism, the spirit of the times, gave voice to both. The Finnish landscape was portrayed according to the Düsseldorf school of painting: rugged, beautiful, lush, etc. The people were depicted as noble, calm, industrious, God-fearing, proud even in their poverty. The image of Finland in turn of the century art is an inspired one. It is little wonder that it has survived, for within it lives a love of country which springs from profound understanding.

Finland's image as a land of a thousand lakes is an enduring one. The continental European is delighted to discover that there are actually tens of thousands of lakes. But our lakes are not those of Switzerland, northern Italy or the British Isles, grand, distinctive and exploited by tourism. Finnish lakes are tattered, intricate, studded with islands and rocks, and remote.

In times past the waterways served an important function as routes of transport. The obligatory trips to church and marketplace were made for the most part by water, at first in small boats, later in coastal and inland steamers. It was along the waterways that the population spread inland, settling on riverbanks and lakeshores and establishing the first towns. The prosperous, civilized Finnish scenes with churches, mansions and the fields and pastures of rich farms are best seen from the lake or the sea.

The long, ice-bound waterways of winter were also used as roads. The soft ice of autumn and spring still poses serious problems to those living in the archipelago or among the inland lakes. It is to these times that Finland owes its image of a remote land of arduous travel, an image no longer any more valid than are the descriptions of people and places of those bygone days. Technology has changed the country's face and altered its distances.

Finland lacks crowded highways but its main roads are many and good with generally light traffic. Most are completely new. The old cow paths either have been allowed to return to nature or are restricted to local use only. The new roads stretch straight through uninhabited forests and marshlands. Lakes and the more exacting reaches have been avoided. For the long-distance driver, Finland can be a pretty boring place: straight level roads enclosed on both sides by forest. It is possible to drive along main roads all the way from Helsinki to Finland's northernmost village,

image enthousiaste: animée par le patriotisme et basée sur une perception réelle. Il n'est pas étonnant que celle-ci persiste toujours.

Un des éléments les plus stables de l'image de la Finlande est le concept du pays des mille lacs. Des lacs, en fait, il y en a des dizaines de milliers, ce qui pour un Européen du centre est extraordinaire. Mais ces lacs ne ressemblent pas à ceux de Suisse, d'Italie du Nord ou des Îles Britanniques, grands, aux lignes nettes, exploités par le tourisme. Les lacs finlandais sont brisés, sinueux, rocheux, remplis d'îles – et cachés. Autrefois, la circulation fluviale et lacustre figurait parmi les moyens de communication les plus importants. Les trajets nécessaires pour se rendre au marché ou à l'église s'effectuaient dans la plupart des régions sur l'eau, au début en barque, puis en bateau côtier ou lacustre. La population se répandait par ces voies d'eau et se groupait sur les côtes. Les communes étaient situées autour de réseaux hydrographiques communicants. L'hiver on se déplaçait sur la glace. Le dégel est toujours un problème pour l'archipel, qu'il soit situé en mer ou à l'intérieur des lacs. L'idée que la Finlande est un pays lointain et que ses communications sont lentes et pénibles date de cette ancienne époque. La technologie a profondément transformé le visage de la Finlande et ses distances. Autoroutes et encombrements n'existent pratiquement pas, mais les routes principales sont en bon état et leur circulation est peu dense. Une grande partie d'entre elles ont été entièrement construites en tant que routes nouvelles; les vieux sentiers, tracés par les vaches, ont été abandonnés, ils se couvrent d'herbe ou servent pour le trafic local. Les nouvelles voies traversent, en lignes droites, les régions inhabitées, les forêts et les marécages. Les passages difficiles sont évités et les lacs contournés de loin. Pour un automobiliste qui parcourt un long trajet, la Finlande est assez monotone. Une route plate et droite se limitant pratiquement à l'orée de la forêt. Il est possible d'effectuer un aller-retour de Helsinki à Nuorgam (Utsjoki), de 2684 km, en ne jetant qu'un rare coup d'oeil sur les lacs légendaires ou les modèles classiques des paysages idéalisés par l'époque romantique. Près des grandes routes, les habitations sont toutes récentes. L'automobiliste pressé se souviendra surtout d'une chaîne de stations service et de panneaux de signalisation. Le réseau peu dense des chemins de fer finlandais n'est guère plus généreux pour un amateur de beaux paysages. La beauté du paysage, naturel et culturel, se cache timidement près des petites routes, des voies fluviales et lacustres, dans les landes et les marécages, sur l'archipel, dans les villages et dans les petites villes. En Finlande, il existe peu, sinon pas du tout, de curiosités naturelles ou culturelles, où l'on peut emmener un

Nuorgam in Utsjoki, and back, a total of 2684 kilometers, without catching more than a glimpse of the famous lakes and picturesque landscapes that so enraptured the romantics. Most construction along the highways is recent. The hurried driver usually recalls little more than service stations and traffic signs. If you are in search of landscapes, Finland's thin network of railroads is equally unrewarding.

The beauty of the Finnish landscape is hidden along country roads and waterways, on heaths and marshlands, in remote villages and small towns, and clusters of islands. It smiles through the vast veil of forests. Finland has few if any of the natural or cultural attractions to which busloads of tourists can be taken to gasp in wonder, only to be whisked off to the next sight. The country has little to offer tourists in the way of grand collective experiences. But it can provide the individual with the little joys that communion with nature yields. To Finns, being close to nature is an everyday occurrence: the freedom of the forests is guaranteed to them by law, and there they pick berries, gather mushrooms, fish, ski, swim, build their summer cottages by the lakes. It's difficult for the tourist industry to capitalize on this kind of use and appreciation of nature. Although valuable and interesting architecture is rare, there are fine medieval stone churches, a few castles or their ruins, parsonages, mansions, old wooden towns, and unique farmhouses.

Finland's face is that of a young country. Wood, a building material used by both our forefathers and modern builders, is perishable; nearly all of the old wooden towns have been destroyed by fire. Finland is almost completely devoid of the medieval villages that modern man finds so charming. On the other hand, there are many towns and cities which boast remarkable modern architecture. But Finland's world renown as an architectural pioneer is based on a few magnificent exceptions to its general rule of standardized, tasteless and unimaginative buildings, all of them a great injustice to their natural surroundings.

Finland is no longer a remote country. It is barely three hours by air from London, less than two from Copenhagen and Moscow, under an hour from Stockholm and Leningrad. Finland may be reached overnight by boat from Stockholm, in a day and night from Copenhagen, Lübeck and Gdansk, in a few hours from Tallinn. A fleet of icebreakers keeps the ships moving year round. Domestic transport is rapid and precise. Air service is high in quality and reasonable in price. The full length of Finland, from Helsinki to Ivalo, may be flown in a couple of hours. Driving is so convenient that other Europeans find it hard to believe; there are no nightmarish urban centers with their infernal snarls of traffic.

car rempli de touristes pour que ceux-ci soupirent d'admiration avant d'être immédiatement conduits vers l'étape suivante. En tant que pays touristique, la Finlande ne se prête pas aux expériences collectives, mais elle est plutôt du domaine des petites joies individuelles. Le contact avec la nature, pour les Finlandais, est une affaire de tous les jours. Les monuments précieux et intéressants sont rares, ce sont souvent des églises médiévales en pierre, quelques châteaux en ruines, des presbytères et des manoirs, de vieilles villes en bois et des fermes originales. La Finlande a l'aspect d'un pays jeune. Le bois, matériau principal dans le temps et toujours très utilisé, se détruit facilement, et presque toutes les villes anciennes ont brûlé. Les villes et les villages médiévaux qui charment l'homme moderne ont pratiquement disparu de la Finlande. Par ailleurs, de nombreuses localités ont des bâtiments modernes dont l'architecture est intéressante et significative. La renommée mondiale de l'architecture finlandaise repose cependant sur quelques brillantes exceptions d'une lignée généralement plate, normalisée et sans imagination et qui ne s'accorde pas toujours avec l'environnement.

La Finlande n'est plus un pays lointain et difficile d'accès. Elle est à moins de trois heures de Londres, de deux heures de Moscou et de Copenhague et d'une heure de Stockholm et de Léningrad par avion. Il est possible d'aller de Stockholm en Finlande en une nuit ou en un jour, en 24 heures de Copenhague, de Lübeck ou de Gdansk, en quelques heures de Tallinn en bateau. Les brise-glaces entretiennent les voies de la circulation maritime. Les communications intérieures sont rapides et régulières. Le trafic aérien est bien développé et bon marché. Il suffit de deux heures pour traverser la Finlande d'un bout à l'autre, de Helsinki à Ivalo. La circulation routière étonne les Européens du Centre, car les grandes villes cauchemardesques et la concentration des cités industrielles avec leurs boyaux d'autoroutes manquent totalement. La Finlande est un pays riche. Ses trésors sont le luxe d'un bénédictin : silence, espace, lumière. La résistance de la matière est minime: l'homme et la pensée se meuvent comme un oiseau dans le ciel bleu.

Un conte bien connu de Topelius, nommé «Le bouleau et l'étoile», raconte l'histoire d'un frère et d'une soeur qui, pendant la guerre, avaient été envoyés à l'étranger en de très bonnes et riches conditions. Mais ils ne s'y plaisaient pas et, main dans la main, ils repartirent à pied pour regagner leur lointain pays. Des années s'étaient écoulées, beaucoup de choses avaient changé et étaient tombées dans l'oubli. Le seul indice qu'ils avaient était constitué par un bouleau et une étoile qui brillait au-dessus de leur petite maison grise.

Finland is a rich country. It possesses a wealth of Benedictine treasures: silence, space, and light. Resistance of the medium is slight, men and ideas move along like birds in the sky.

A well-known story by Topelius tells of a star and a birch tree, and a brother and sister who, to escape a war, fled abroad to a good and prosperous family. But they did not feel at home and returned hand in hand to their distant homeland in search of their own hearth. Years had passed and much had changed or been forgotten, except for the star and the birch tree near their humble, weathered house. With nothing else to guide them, they eventually found it and, with it, their parents. Their father said to them: "Dear children, man's life is a journey toward an eternal goal. Wander on, and may God be in your hearts and the eternal goal always before your eyes! With angels guiding you, you aalked resolutely; may they always show you the way! You sought the birch, which was your homeland. Yes, let your country be your task and the object of your love your whole life long! You sought the star, which was life-everlasting. May it be your light throughout your life!" (1852)

Many children from the red or weathered farmhouses, having already attended school for a century, have left behind the primitive rural communities and gone on to become lumberjacks, factory workers, drivers and sales girls in the more complex social structure of the industrial and service centers.

The Industrial Revolution didn't reach Finland until the end of the 19th century. Western Europe's demand for forest products and the

C'est ainsi qu'ils retrouvèrent la maison, leurs père et mère. Le père leur dit: «Chers enfants, la vie d'un homme dans ce monde est un chemin vers une fin éternelle. Continuez à marcher, gardant Dieu dans votre coeur et la fin éternelle devant vos yeux. Guidés par les anges vous marcherez droit. Qu'ils continuent à vous montrer le chemin. Vous cherchiez le bouleau: – c'était votre patrie. Qu'elle soit le but de votre travail et de votre amour! Vous cherchiez l'étoile: – elle signifiait la vie éternelle. Qu'elle vous éclaire pendant toute votre vie!» (1852)

Les enfants des cabanes grises et rouges vont à l'école depuis bientôt cent ans, et grâce à l'école primaire et les écoles itinérantes, à l'évolution d'une société primitive agricole vers une société industrielle aux services de plus en plus développés, ils sont devenus ouvriers forestiers et industriels, chauffeurs et vendeuses. La révolution industrielle est venue tard en Finlande, à la fin du XIXème siècle. La demande des produits forestiers en Europe de l'Ouest et les possibilités de vente des produits industriels à l'empire russe ont ouvert, à la dernière minute, les moyens de travail et d'existence nécessaires à la population qui, par rapport à la capacité de production agricole, avait trop augmenté. Le surplus de la campagne pauvre peuplait les quartiers ouvriers des villes finlandaises, Sörnäinen à Helsinki, Pispala à Tampere et Raunistula à Turku. L'argent commençait à circuler dans les campagnes, le levain du capitalisme à faire des disparités dans la population aux habits de bure des provinces. Les uns vendaient leur forêt, les autres leur travail

48. Carved out of rock, Temppeliaukio Church was designed in 1961 by Timo and Tuomo Suomalainen and has become one of Helsinki's most popular tourist attractions and concert halls.

49. Villa Johanna, designed by architect Selim Lindqvist, is one of Helsinki's most valuable jugend-style houses.

50. Several buildings in Helsinki's Eira quarter are protected. The picture shows Huvilakatu.

51. Helsinki's city council, which includes among others several well-known politicians.

52. Nearly all Finns are interested in sports of one form or another. The annual Finnish-Swedish track and field competition sells out as much as half a year in advance.

53. At present over half of Finland's population lives in cities. Children's summer games.

48. L'église de Temppelinaukio, construite dans le rocher, oeuvre des architectes Timo et Tuomo Suomalainen (1969), est devenue l'un des sites et des lieux de concert les plus appréciés.

49. La Villa Johanna, dessinée par Selim Lindgren, figure parmi les maisons les plus appréciées de style Art nouveau.

50. Dans le quartier d'Eira à Helsinki, l'architecture est protégée. Voici la rue «Huvilakatu».

51. Le Conseil municipal d'Helsinki. Beaucoup de conseillers sont des politiciens connus.

52. Le sport sous toutes ses formes intéresse toujours la plupart des Finlandais. Les billerts pour le Championnat Finlande-Suède sont en général vendus six mois avant les jeux.

53. Presque la moitié de la population habite dans les villes. Jeux d'été des enfants.

Russian Empire's demand for industrial goods came at the eleventh hour; the population had increased beyond the farmers' capacity to support it and jobs and income were desperately needed. The overflow from the empoverished countryside spilled into the working-class neighborhoods of Finnish towns, Sörnäinen in Helsinki, Pispala in Tampere, Raunistula in Turku. Money began circulating in the countryside. The country folk, in uniform grey homespun, were driven apart by the wedge of capitalism. Some sold their forest, others sold their labor. A clash between labor and capital surfaced. The issues of language and nationalism stirred the flames of the class struggle which produced the second fundamental tension of Finnish life. Power and wealth were in the hands of the Swedish-speaking upper and middle class. The Finnish-speaking middle class, farmers and working class remained united on the language and nationalism issues until these goals were nearly reached. Then, at the beginning of this century, their ranks split. With the crushing defeat of the Russian fleet at the hands of the Japanese, souldering discontentment burst into flame throughout the Empire. In 1905 Finland held its own general strike, by means of which the working class stepped into the political forum. And there it has remained ever since.

After the general strike reactionaries attempted to buy time by yielding on certain issues. The Czar granted Finland the world's most progressive parliamentary system: a unicameral parliament of 200 members elected by universal suffrage. Finland was the first country in Europe and, following New Zealand, the second in the world to grant its women the right to vote. In the first parliamentary election, held in 1907, the radical Socialist Party achieved a surprising victory by winning 80 seats. The urban and rural bourgeoisie supported their own Finnish and Swedish Parties. But there was dissention among the ranks of the Finnish-speaking parties: the young wing of the old conservative Finnish party took a liberal stance on domestic issues, adhering to a strict constitutional line regarding the Empire. The sparsely populated, independentminded farming regions of the north and east began to throw their support behind the Agrarian Union, which refused to yield the countryside to capitalists and socialists for fear they would divide it between themselves and pluck it clean.

Parliament took progressive steps to improve conditions in the poor and backward country. But time and again those who controlled the power and wealth frustrated these efforts via St. Petersburg by securing the Grand Duke's veto. It was this tension that produced the Finnish Republic. Contrary to the wishes of the middle class, the birth of the new state was neither civil

pour obtenir de l'argent. Le conflit se déclarait entre les travailleurs et le capital. Au côté de la lutte pour la langue et la nationalité venait s'ajouter un deuxième élément de tension: la lutte des classes. Le pouvoir et l'argent étaient entre les mains de la bourgeoisie parlant suédois. La bourgeoisie finnoise, les paysans et les ouvriers menèrent une lutte commune quant à la question de la langue et du nationalisme jusqu'à ce que celle-ci soit gagnée. Au debut du siècle, l'union prit fin. La flotte russe essuya une cuisante défaite lors de la guerre du Japon et le mécontentement dû aux conditions de vie éclata dans tous les coins de l'empire. Même en Finlande, le peuple fit son entrée sur la scène politique par une grève générale en 1905. Après la grève, les forces réactionnaires essayèrent de gagner du temps par des compromis. La Finlande obtint du tzar une institution de représentation populaire des plus avancées du monde, un parlement à chambre unique de 200 députés élus au suffrage universel et égalitaire. C'était le premier pays en Europe, et le deuxième au monde (après la Nouvelle Zélande), où les femmes avaient le droit de vote et se transformaient d'objets de l'histoire en sujets de l'histoire. En 1907, le parti socialiste radical obtint un étonnant succès (80 sièges) aux premières élections. A la campagne et dans les villes, les bourgeois votaient pour leurs propres partis, suédois ou finnois, mais il y avait des discordes du côté finnois: les «Jeunes Finnois» soutenaient une politique intérieure d'ouverture libérale et une rigueur constitutionnelle vis-à-vis de l'Empire. Les paysans pauvres, indépendants, de la Finlande du Nord et de l'Est commençaient à soutenir la Fédération des Agrariens, qui refusait de laisser les socialistes et les capitalistes procéder entre eux au déplumage de la campagne. Le parlement progressiste stipulait des améliorations aux conditions du pays pauvre et retardé. Le pouvoir administratif et financier rendait les innovations nulles à chaque fois, en acquérant le veto du tzar. La république finlandaise est née de cette pression. Le nouvel Etat n'est pas né aussi joliment qu'avait espéré la bourgeoisie, c'est-à-dire en choisissant un roi (il en fut effectivement élu un en 1918, mais celui-ci déclina cet honneur), en donnant un grand bal de couronnement et en se mettant ensuite à distribuer le pouvoir, l'or et les honneurs. Lorsque la Majesté, désignée par Dieu aux Finlandais, tomba, non à cause des Finlandais mais de la Révolution russe, il ne resta plus aux Finlandais qu'à établir un contrat social entre eux. Ce ne fut pas une réussite. En Europe, la première guerre mondiale battait son plein. En Finlande, quelques troupes russes ne savaient plus très bien quel était leur rôle dans les conditions troubles de la révolution. Une des

nor pretty. They had hoped that a Finnish king would be elected – as one actually was in 1918, although he declined the honor – and that a grand coronation ball would be held, after which power, wealth and honors would be distributed.

The collapse of the monarchy, produced not by the Finns but by the Russian Revolution, forced Finns into a social contract among themselves. The results were far from satisfactory. The First World War was raging in Europe. Russian troops remained in Finland, uncertain of their role in revolutionary conditions.

With its independence only recently declared and recognized, the country's first task was to drive out all foreign troops. So began the Finnish War of Independence. The fiery issues of what forms the new goverment would take and who would hold power soon transformed it into a class war. The red and white guards fought bitterly. Throughout the white winter, bright spring and warm summer, the red and white terrors sped through the country. The northern farmers' army captured the headquarters of the Finnish reds in Tampere. The republic still didn't become one of the nobility and the bourgeoisie. Instead, the workers, farmers and liberal intellectuals chose parliamentary democracy as their form of government.

After the First World War, with the destruction of the Romanov and Hapsburg dynasties complete, other independent states came into being. Of these, Finland is the only one whose original constitution still remains in force.

On December 6, 1977, the Republic celebrated its 60th birthday. My father was born and educated a

premières tâches de l'Etat proclamé indépendant fut l'évacuation des troupes étrangères. C'est ainsi que commença la Guerre de la Libération de la Finlande. Elle se transforma rapidement en une guerre des classes, en la question sanglante de savoir comment serait le futur Etat et qui aurait le pouvoir. Les gardes rouges et les gardes blancs se battirent farouchement. La terreur rouge et la terreur blanche sévirent tout un hiver enneigé, un printemps lumineux et un été chaud de la Finlande. L'armée des paysans d'Ostrobothnie battit le bastion principal de la Finlande rouge, Tampere. La république ne devint pas pour autant gouvernée par la noblesse et la bourgeoisie. L'on renforça le régime de démocratie parlementaire soutenu par les ouvriers, les paysans et les gens cultivés. Après la première guerre mondiale, alors que les empires des Romanoff et des Habsbourg se disloquèrent, d'autres Etats indépendants naquirent. La Finlande est le seul parmi ceux-ci dont la constitution, crée à ce moment, est encore en vigueur. Le 6 décembre 1977 la république n'avait que soixante ans. Mon père est né et a été à l'école comme sujet du Grand-Duché. Chez lui on cachait le drapeau finlandais, dont la détention était un délit puni par les gendarmes. Lorsque je suis né, la république avait 15 ans, âge ingrat, en plein milieu de la crise économique. Les souffles du radicalisme de droite se faisaient sentir jusqu'en Finlande, mais ne pouvaient rien contre le peuple de la forêt. Bien avant la deuxième guerre mondiale, les partis populaires, les sociaux-démocrates (le parti communiste était encore interdit) et la Fédération des Agrariens

54. Over 30 % of the industrial work force is women. Women at work in Upo factories in Lahti.
55. A construction site. Earlier, construction work was seasonal. Today construction workers must also seek work on construction projects outside the country.
56. A shift has ended. Workers in the town of Vaasa make their way home at −30° C.
57. A foundry.
58. The textile industry.
59. The glass industry has a long tradition in Finland. These days half a dozen factories produce art glass and their products have found ready foreign markets as well.
60. The large industrial firm Rauma-Repola exemplifies the latest in technology; they produce, for example, oil drilling floats.
61. Paper is an important item of export.

54. Lamain d'oeuvre de l'industrie est composée à plus de 30 % de femmes. Ouvrières dans les usines d'Upo à Lahti.
55. Chantier de construction. Le secteur du bâtiment appartient au travail saisonnier. Les ouvriers du bâtiment sont actuellement obligés de chercher du travail aussi sur les chantiers au-delà des frontiéres du pays.
56. La relève de l'équipe. Les ouvriers rentrent chez eux, à Vaasa, par −30°.
57. Fonderie.
58. Fabrique de textiles.
59. Les verreries ont une longue tradition en Finlande. Le verre d'art est actuellement fabriqué par une demi-douzaine d'usines dont les produits ont un succès international considérable.
60. Les industries de Rauma-Repola représentent la technologie la plus moderne dans la fabrication des plateformes de forage pétrolier.
61. Le papier est un important article d'exportation.

57

58 59

60

subject of the Grand Duke. There was a Finnish flag in his home – hidden. Had it been discovered by the police, punishment would have been swift and certain. When I was born the Republic was fifteen years old, an adolescent struggling through a great depression. The whirlwind of right-wing European radicalism also reached Finland but with little effect on the people of the forests. In the good times before World War Two the parties of the working classes, the Social Democrats (the Communist Party was still prohibited) and the Agrarian Union, came to terms and established a coalition which, but for a few exceptions, has governed Finland ever since, falteringly but tenaciously.

By the autumn of 1939 Finland and the Soviet Union were at war. The Soviet Union's attempt to reinforce its northwest frontier was the preliminary to World War Two. Finland fought for its life. The whole of Europe watched as the Winter War of a hundred days was waged in forests devastated by unimaginable cold. Many older people abroad still remember knitting scarves for the Finnish troops.

Finland was forced to sue for peace at whatever cost. The Soviet Union took Karelia to expand its zone of defence in the northwest. But Finland survived. Finland was neither occupied nor dishonored in the Winter War or in World War Two. The country took part in the latter out of self defense, revenge and, frankly speaking, delusions of grandeur. The military expedition to the East boldly initiated in June of 1941, faced with the overwhelming power of the of the Soviet army of the northwest, ended in the fall of 1944. Again Finland was forced to beg for an end to hostilities and got it, but on terms even harsher than those laid down after the Winter War. One condition required that Finland expel all German troops stationed in her northern provinces. Norway was occupied by Germany, and German troops had engaged the common enemy along a northern front that lay within Finnish territory opposite Murmansk.

Finland's fourth war of the 20th century was fought in Lapland in 1944–45 against Hitler's army of the north which, upon retreating, destroyed all but a few of Lapland's homes, schools, hospitals, factories, roads and bridges. Fortunately, before the fighting began time allowed for the evacuation of the populace to northern Sweden.

This, then, is how Finland has fared at the hands of history during its short life as a republic. The scale of the wars it has fought cannot be called small. During the civil war each side mustered about 70,000 armed men. During the Winter War the army numbered about 340,000, and during the height of World War Two, about 540,000. The other side, too, were numerous: about one million

rencontrèrent un accord et fondèrent cette coalition ocre-rouge qui depuis à peu d'exceptions près, gouverne la Finlande, à tâtons mais avec persévérance.

En automne 1939 la Finlande et l'URSS entrèrent en guerre. L'Union Soviétique cherchait une sécurité pour sa frontière du Nord-Ouest dans les préliminaires de la deuxième guerre mondiale, la Finlande luttait pour sa survie. L'Europe suivit cette guerre de cent jours qui se déroula dans les forêts paralysées par un froid inimaginable. Beaucoup de personnes d'âge moyen se souviennent encore des cache-nez que l'on tricotait pour les soldats finlandais. La Finlande fut obligée de demander la paix à n'importe quel prix. L'URSS prit la Carélie et agrandit sa zone de défense au sud-ouest. Mais la Finlande survécut. Elle ne fut ni occupée ni déshonorée, pas davantage pendant la guerre d'hiver que pendant la deuxième guerre mondiale à laquelle elle fut conduite par autodéfense, volonté de revanche et, disons-le franchement, un rêve de grandeur. La marche vers l'est, commencée en grande pompe en été 1941, se termina devant la terrible puissance de l'armée du nord-ouest de l'URSS en automne 1944. La Finlande sollicita à nouveau la paix et l'obtint, cependant à des conditions plus dures que lors de la guerre d'hiver. L'une des conditions fut l'évacuation des troupes allemandes du nord de la Finlande. La Norvège était occupée par les Allemands et des troupes allemandes se battaient contre l'ennemi commun dans le Nord, sur le front face à Mourmansk, en territoire finlandais.

La quatrième guerre de la Finlande du XXème siècle eut lieu en Laponie, en 1944–45, contre les armées d'Hitler placées le plus au Nord. En se retirant, celles-ci détruisirent plus de 90 % des habitations, des écoles, des usines, des routes, des ponts et des autres bâtiments de la Laponie. La population avait heureusement été évacuée avant le commencement des hostilités en Suède du Nord, avec ses troupeaux. Les guerres de la Finlande n'ont pas été si petites. Pendant la guerre civile, chaque camp eut 70 000 hommes sous les armes. Pendant la guerre d'hiver, l'armée finlandaise mobilisa 340 000 hommes et au fort de la deuxième guerre mondiale 530 000 hommes. De l'autre côté aussi il y eut beaucoup de monde: un million d'hommes de l'armée russe prirent part à la guerre d'hiver.

Les guerres ont laissé derrière elles d'immenses vides dans les rangs déjà peu serrés, des tombes de héros où les roses fleurissent tous les étés, des veuves et des orphelins, des invalides. Mais la Finlande s'est quand-même tirée d'affaire sans grand dommage comparée à l'URSS, à la Pologne, à la Yougoslavie ou à l'Allemagne. Les dégâts sont réparés, le pays reconstruit. Les Caréliens font des voyages organisés vers l'URSS pendant l'été

Russian soldiers took part in the Winter War. The wars produced gaping holes in the fabric of society, cross-covered graves of heroes, widows, orphans, invalids. And yet in comparison with the Soviet Union, Poland, Yugoslavia or Germany, Finland got off lightly.

The rubble was cleared, the country rebuilt. The Karelians take summer package tours to the Soviet Union in order to catch a glimpse of their former villages and farmlands from the windows of buses and trains. They sing nostalgic songs which celebrate the Viipuri of their youth while they drink Russian vodka in its lively restaurants.

Finland's economy, while not quite as strong as that of Norway, is three times greater than Portugal's and nine times that of Ireland. While it may be the poorest member of the Nordic family, it numbers among the fifteen most prosperous nations in the world.

The Finnish economy rests on a firm foundation of renewable natural resources. Farming produces surpluses of grain, meat and dairy products; but surplus production relies heavily on extensive imports of foreign energy and raw materials. Even at that, Finland does possess the capacity for total self-sufficiency in food production. This would not mean that, even during periods of international crisis, quantity would have to suffer; but quality might to the extent that we would have to return to the healthy staples of our forefathers: rye bread, potatoes, herring and buttermilk. It would mean that our highly mechanized agricultural system would either have to take up using horses again or else find an alternative source of energy for its plows.

Our forests are our greatest national treasure, our most valuable asset and export item. Our forests have been exploited for industrial use and trade for over a hundred years. Even before that they were treasured domestically as a building and heating material. Forests were burned not only to clear fields but to produce tar for Europe's great fleet of sailing ships. The forests also yielded prey whose fur was sold or exchanged for jewelry and tools. It has been calculated that, despite thorough use, Finland now has more forests than ever before. They are replanted and nurtured. Wetlands are drained for forestation and poor forest lands are improved. The most important and verdant forests are found in the south of the country, where the climate is mildest. Privately owned, they are the backbone of the Finnish farmer's economy. The sale of lumber provides him with the capital with which he replaces his machinery.

However, the rights of the forest owner are restricted by the government and the law. Misuse of the forest is a criminal offense. A public offical decides and marks which trees the owner may cut

pour avoir un aperçu de leur ancienne région par les vitres du car ou du train. Dans les chansons on parle de Viipuri comme d'une jeunesse perdue et dans ses restaurants on s'humecte la gorge de brûlante vodka russe.

Economiquement parlant, la Finlande est un peu plus petite que la Norvège, mais trois fois plus grande que le Portugal et neuf fois plus grande que l'Irlande. Elle est la plus pauvre de la famille des peuples nordiques, bien qu'elle appartienne aux quinze nations au revenu le plus élevé. Le fond de l'économie finlandaise est sain. Les richesses du pays sont dans les réserves naturelles qui augmentent ou se renouvellent. L'agriculture produit un excédent aussi bien au niveau des céréales que de la viande ou des produits laitiers. Cet excédent dépend cependant des importations: énergie étrangère, protéines brutes. La Finlande possède néanmoins les capacités nécessaires à une parfaite autonomie alimentaire. En cas de crise internationale, même grave, on n'aurait pas besoin de réduire la quantité, mais quant à la qualité il faudrait retourner à l'alimentation, saine, de nos ancêtres: pain de seigle, pommes de terre, harengs et lait fermenté. L'agriculture entièrement mécanisée devrait retourner au cheval ou trouver une autre source d'énergie pour la traction.

La forêt, trésor national de la Finlande et le produit d'exportation le plus important, est la matière première principale. Depuis cent ans déjà elle est exploitée à des fins industrielles et commerciales. Auparavant, le bois de la forêt avait une valeur domestique, en tant que matériau de construction et bois à brûler. Malgré l'exploitation intense, on considère qu'il y a en Finlande plus de forêts que jamais, reboisées, entretenues. On a asséché des marécages pour y planter de la forêt. Les régions forestières les plus importantes et les plus productives se trouvent en Finlande méridionale où le climat est tempéré. Elles appartiennent à des propriétaires privés. La propriété forestière est le soutien économique de la population paysanne. C'est la vente de la forêt qui procure les capitaux nécessaires pour rénover les machines de la production agricole.

La loi et l'administration limitent cependant les droits du propriétaire. Gaspiller la forêt est considéré comme un crime. Les autorités décident des arbres que le propriétaire a le droit d'abattre et de vendre. Le terrain forestier est un placement recherché, plus sûr que les actions de la bourse, tout au moins d'après les Finlandais. L'industrie forestière et les investisseurs privés cherchent à posséder des terrains. Les paysans font des pieds et des mains pour garder leurs forêts mais, étant moins fortunés, se trouvent souvent écrasés lorsqu'il s'agit de l'offre. L'Etat possède de grandes forêts, surtout dans le nord et

down for sale. The forest is a very popular form of investment and, at least to Finnish minds, safer than stocks and bonds. The forest industry and private investors are always in the market and farmers, far from eager to sell but lacking other alternatives, often yield to them. The state also possesses large forest holdings, mainly in eastern and northern Finland, which are handled like any other modern business: they are logged off, the product is sold, and the land replanted. So vast are these areas that experiments have been carried out in which all trees in certain areas were cut. The question of whether or not such areas will reforest themselves is one constantly debated by the forest industry and conservationists.

Protection of some of our forests as national parks and nature preserves has also proven necessary. Although our forests are vast, man's technological capacity to reduce them has increased at an alarming rate.

Logging is the Finnish worker's most fundamental profession. In many ways the lumberjack's job is comparable to that of the British coal miner: the social structure, the physical demands of the work, and the fame in legend.

Earlier, forestry was the small farmer's second, winter profession, and many farmers still spend their winters working their forests. But these days a growing number of loggers are specially trained and their equipment is ever more sophisticated. The chainsaw and logging tractor have been followed even in Finnish forests by multi-purpose machines that fell, trim, cut, peel and stack logs in a single uninterrupted process. One well-known example of the lumberjack's black sense of humor reveals, to my mind, something very typical of the Finnish character. It seems that times were hard in the forests of the north, and jobs were getting scarce because of a depression. One lumberjack was so overcome by despair that he hung himself one night from the branch of a tall pine. When his friends found him next morning one of them said: "When things start looking up, he's going to be sorry he did that."

Earlier, most of Finland's exports of wood were lumber and sawmill products, mining timbers and railroad ties. But the main thrust of Finnish industry has been in the direction of processing and refining of forest products: from wood to pulp, from pulp to newsprint. One promising and profitable stage in this development is the production of toilet and household papers to meet the demands of a world which expects such luxuries. Lumber, too, is being refined: into furniture, building materials and element houses. Markets for wood and paper are greatly dependent on the economic situation. When western Europe, Finland's largest export market,

l'est de la Finlande. Elles sont entretenues selon les principes économiques et commerciaux, par abattage, vente et reboisage. A cause de l'étendue de ces régions, il a été procédé au déboisement total de certaines zones ce qui enlaidit le paysage. Les forestiers et les écologistes se disputent quant à savoir si la forêt peut repousser sur ces terrains violés, dans des conditions subarctiques. Il a fallu faire de certaines forêts des parc nationaux ou des réserves naturelles. Même si les forêts sont vastes, la technologie de l'homme a terriblement augmenté la capacité de l'abattre.

Le métier le plus répandu dans la classe ouvrière en Finlande est celui de bûcheron. La corporation, du point de vue de la structure sociale, de la dureté des conditions de travail et de la légendaire réputation des bûcherons, est comparable à celle des mineurs de l'Angleterre.

Autrefois, les travaux forestiers étaient le travail d'appoint des petits cultivateurs pendant l'hiver. De nos jours encore, beaucoup de fermiers travaillent tous les hivers dans leur propre forêt. Mais une part toujours grandissante des travailleurs forestiers est constituée par des spécialistes dont le matériel technique est de plus en plus développé. La scie à moteur, et le tracteur forestiers sont suivis par les engins à fonction multiple qui ébranchent, coupent et empilent le bois en un seul processus.

L'évolution industrielle s'est surtout manifestée en Finlande par une hausse continue du degré de transformation dans l'industrie forestière, bois en cellulose, cellulose en papier journal. Une phase prometteuse et productive s'est présentée dans la fabrication des papiers toilette et ménage pour le monde avide de confort et de luxe. On s'efforce de transformer les produits de scierie en meubles, équipements pour la maison et maisons préfabriquées.

Le marché du bois et du papier est dépendant de la situation économique. Lorsque la crise s'attaque au marché principal de l'exportation de la Finlande, la construction et l'imprimerie sont les premières à être ralenties. La part des produits forestiers dans les exportations a rapidement baissé après la seconde guerre mondiale. En 1976, cependant, elle était encore de 46 %. Les branches de l'industrie ayant connu la croissance la plus rapide ont été la métallurgie et la chimie. La métallurgie n'est en fait née qu' après la deuxième guerre mondiale. Dans le traité de paix signé avec les Alliés, la Finlande a été contrainte à l'obligation de payer à l'URSS une indemnité de guerre de la valeur de 300 millions de dollars or en marchandises. En même temps que l'Allemagne de l'Ouest recréait son industrie avec l'aide de l'étranger, «l'Aide Marshall», la Finlande a dû, seule, avec ses petits moyens, créer une industrie de construction mécanique et navale moderne, dont le produit devait être

is hit by recession, the first to suffer are the construction and publishing industries. Finland's products don't sell, the warehouses fill up, the lines of unemployed grow longer and longer in the centers of the forest industry, and farmers stand hat in hand outside the doors of bank presidents. And the families of loggers eat porridge instead of beef stew.

The importance of forest products among Finland's exports has declined rapidly since World War Two. Even at that, it comprised 46 % of exports in 1976. The metal and chemical industries have experienced the fastest growth. The Finnish metal industry actually came into being only after World War Two. The peace treaty with the Allies stipulated that Finland was to pay war indemnities to the tune of 300 million U.S. gold dollars' worth of goods to the Soviet Union. At the same time that, for example, West Germany was receiving foreign aid under the Marshall Plan for rebuilding its industry, Finland was required to squeeze from its meagre resources modern machine and ship-building industries for whose products it received nothing in return. To fulfill this obligation, Finland produced an economic miracle. The war indemnities were reduced by agreement between the Soviet Union and Finland to 226.5 million gold dollars, every penny of which was paid by the agreed date. In reward for having completed this impossible task, Finland's economic leaders, engineers and workers had a modern metal industry capable of large-scale production. By the time the indemnities had been paid, relations between Finland and the Soviet Union had improved and economic cooperation got under way. The Soviet Union offered a large market for the products of the new heavy industry and this enabled further expansion and development. Mass production and extensive experience have proven advantageous in trading with other countries as well. Having begun by exporting machines and ships, export activities now include the planning, contracting and exportation of whole industrial complexes. Finland's technical speciality can easily be guessed: the building and marketing of paper mills internationally.

In only three decades Finland has become a modern industrial state. The rate of social change has been overwhelmingly rapid, and its victims are numerous. Consider the first generation of independent Finland, born in 1918. They reached adolescence during the bleak period of world-wide depression. In Finland that meant a shortage of food. At the age of twenty-one they were sent to the Winter War. Many never returned. Some of those who survived bore severe physical or psychological scars. They then went on to World War Two and didn't lay down their arms until

exporté sans indemnité. Le miracle économique de la Finlande est la réussite de cette opération. Les indemnités de guerre, dont le montant fut ramené à 226,5 millions de dollars or par un accord survenu entre l'URSS et la Finlande, ont été payées jusqu'au dernier centime dans les délais prévus. Chargés d'une mission impossible, les directeurs, les ingénieurs et les ouvriers de l'économie finlandaise ont réussi, héritant pour fruit de leur peine d'une industrie métallurgique moderne de grande envergure. Les indemnités payées, les relations entre la Finlande et l'URSS se sont améliorées et une coopération économique a pu s'instaurer. La grande industrie nouvelle a trouvé en URSS un vaste marché et a pu continuer à s'agrandir et à se développer. Les avantages des grandes séries et de l'expérience se sont fait sentir également dans les échanges avec d'autres pays. Après l'exportation des machines et des bateaux on en est venu à la conception, à la construction et à l'exportation d'ensembles industriels entiers. La spécialité finlandaise est, bien entendu, la fabrication et la vente d'usines à papier dans le monde entier.

En trente ans, la Finlande est devenue un pays industriel. Le changement de la structure sociale a été énorme et les victimes nombreuses. Considérons la première génération de la Finlande indépendante, née en 1918. Elle atteignit l'adolescence dans les circonstances pénibles de la crise économique mondiale. En Finlande cela signifia même une pénurie alimentaire. A 21 ans, elle fut envoyée à la guerre d'hiver. Nombreux sont ceux qui restèrent sur les champs de bataille. Parmi les survivants une partie sont handicapés physiques ou mentaux. Pourtant cette génération continua la seconde guerre et avait 27 ans lorsqu'elle put quitter l'uniforme. La plupart des mobilisés étaient des paysans qui, après la guerre, regagnèrent leur petites propriétés. Celles-ci, tenues par les femmes et les enfants étaient tombées en décadence. Pour les habitants de la campagne qui n'avaient pas de propriété, on promit terrains et maisons. Celles-ci furent construites à la fin des années 40 et pendant les années 50, 400 000 Caréliens – la population de tout le territoire cédé à l'URSS – obtinrent leur logis. Les grandes fermes furent partagées pour donner un bout de terrain aux évacués et aux combattants. Lorsqu'il n'y avait pas assez, on construisait des exploitations de pionnier sur les marécages et dans les forêts. L'agriculture finlandaise évoluait dans le sens contraire des pays occidentaux où les terrains allaient en s'agrandissant et le nombre d'exploitations en diminuant. La Finlande se divisait en propriétés de plus en plus petites. En 1958, la première génération de la Finlande indépendante avait 40 ans. Elle était fatiguée, vieillie trop tôt, malade. Une particularité de la

they were twenty-seven years old. Most of the
soldiers were farmers who had left their small
holdings to the care of wives and children and
who, upon returning from the wars, found that
their farms had deteriorated badly. The landless
population of the countryside were promised
homes and land of their own after the war, and
these were provided in the late 40's and the 50's.
400,000 Karelians, the population of the area
ceded to the Soviet Union, were also resettled.
Large farms were divided and apportioned to the
Karelian immigrants and the war veterans. When
the good land was gone, new homesteads were
carved out of the marshlands and wilds.
Finnish agriculture developed in a direction
opposite to that in the industrialized western
nations, where farms grew in size and dwindled in
number. Finland was divided into ever smaller
holdings. In 1958 the first generation of
independent Finns celebrated its 40th birthday. It
was weary, prematurely aged and ill. Finland
specializes in heart and cardiovascular diseases. If
it is true, as it has been claimed, that Finns are
the most unhealthy people in Europe, then their
history certainly contains the economic and social
explanations for the phenomenon. By the age of
forty the old war veterans had come to realize that
the small farm was not profitable. There was too
little land, the work was too hard, and the
agricultural surpluses too great. All they had to
show for twenty years of hard labor was a weary
wife and a large number of children who
disappeared into the wide world as fast as the
elementary school doors closed behind them.
Once again, the countryside expelled its excess
population. Industry and the cities began to draw
the people to jobs in the new industrialized
societies of both Finland and Sweden. A wave of
migration in the 60's emptied the villages of the
east and north and filled to overflowing the cities
of the south.
There too are found the members of that first
generation of independent Finns, now sixty years
old and enjoying premature disability pensions
after having only recently completed ten years of
drudgery in the lowest-paid jobs of the metal or
construction industries. At best, they live in
rented flats, two rooms and a kitchen in state
subsidized apartment complexes which were
hastily designed and thrown up in the midst of
untouched forests.
Nonetheless, this generation, and the other
builders of independent Finland, have performed
an heroic task: they have defended the republic
and raised their poor backward nation to the
status of a modern industrial state whose systems
of education and culture, social security, health
and sick care – in other words, those institutions
that contribute to the security and well-being of
its citizens – are second to none.

Finlande est la fréquence des maladies cardiaques
et cardiovasculaires. S'il est vrai, comme on le dit,
que les Finlandais forment le peuple le plus
malade du monde, ce phénomène s'explique par
son histoire économique et sociale.
A leur 40ème anniversaire, les anciens
combattants durent constater que les petites
exploitations agricoles n'étaient pas rentables.
Les fermes étaient trop petites, le travail trop
dur. Le résultat d'une vingtaine d'années de
travail acharné, était une femme vieillie et un
grand nombre d'enfants qui se dispersaient dans
le monde dès la fin de la scolarité obligatoire. La
campagne rejetait encore une fois le surplus de sa
population. L'industrie et les villes commençaient
à attirer le peuple dans les professions de la
nouvelle société industrielle, non seulement en
Finlande mais aussi en Suède. La migration des
années 60 a vidé les villages au nord-est et a
entassé la population dans les villes du Sud.
C'est là que l'on trouve aussi la première
génération de la Finlande indépendante:
maintenant, à soixante ans, à la retraite anticipée
pour incapacité de travail, ayant derrière elle un
travail sans joie dans les besognes les plus
ingrates et les moins payées du bâtiment et de la
métallurgie. Le logement est, dans le meilleur des
cas, un 2 pièces cuisine en location, situé dans une
cité conçue à la hâte et construite avec l'aide de
l'Etat au milieu d'une forêt intacte. Pourtant cette
génération et les autres constructeurs de la
Finlande indépendante ont exécuté un travail de
héros, ils ont défendu la république et ils ont fait
de leur pays pauvre et négligé un état industriel
moderne dont le système d'éducation, l'action
culturelle, l'hygiène et les soins hospitaliers, la
sécurité sociale, en un mot la sécurité et le
bien-être, sont à la hauteur de n'importe quel
autre pays.
Les Finlandais ont suivi la devise gravée sur la
Porte Royale de Suomenlinna: «Postérité,
tiens-toi ici sur ton propre sol et ne compte pas sur
l'aide de l'étranger».

L'insécurité, les tournants brusques de l'histoire
ont surtout secoué les hautes classes de la société
finlandaise, la noblesse et la bourgeoisie. Elles ne
sont parvenues ni à concentrer et développer
leurs biens ni à former de grandes familles avec
leurs alliés. La mobilité constante des conditions
politiques décourageait et brisait la noblesse de
robe; la noblesse foncière, peu nombreuse, avait
contre elle une nature ingrate et un peuple
anarchique qui, dès la guerre dite des Massues,
avait démontré sa capacité à se soulever contre les
nobles habitants dans les manoirs. Le chef des
paysans rebelles, Jaakko Ilkka, compte parmi les
héros finlandais, tout comme Lalli, l'assassin de
l'évêque Henri.
La puissance soutenant l'Etat était la

Finns have heeded well the advice inscribed on the King's Gate at Viapori: "Posterity, stand on your own feet here in the North and trust not to the help of strangers."

The Finnish upper classes, tho nobility and the bourgeoisie, suffered most from the hardships posed by the uncertainties of life, the sudden whims of history, the lack of continuity and security. The administrative nobles were discouraged and broken by the constant shifts in the political scene; and the handful of landed gentry were forced to contend with a miserly environment and an anarchic citizenry who very early on had proven themselves capable of confronting the owners of the estates. Jaakko Ilkka, leader of a group of rebellious farmers, is as great a Finnish hero as Lalli, the bishop-slayer. The power to support the state rested with the farming class, who spoke directly to God and the Ruler. Charles Péguy said of the Protestants that they had faces like sunflowers, that they were straight-laced, and that they were on a first-name basis with God. From Gustavus Vasa to Urho Kekkonen the face of power in Finland has remained the same: a strong people and strong rulers who together keep the gentry in place. Even during the czarist age Finns found it difficult to believe that their Grand Duke was capable of meanness or stupidity. He was just a victim of bad councilors.

From the farming class came the Lutheran clergy, the people's teachers and scribes, through whom both spiritual and mundane reforms were transmitted. And if the clergy fell to imitating high church prelates, no matter: the people found their own way to God. Before the national movements for political and economic reform, Finland had experienced its own share of religious movements: the Laestadians, the Pietists, the Witnesses, among others. These movements are still alive and attract tens of thousands each summer to their meetings. Paavo Ruotsalainen, farmer-preacher and founder of an evangelist movement, has also become a national hero – on the opera stage. "The Last Temptations," an opera by Joonas Kokkonen, while depicting Old Paavo's life and particular temptations, may also be seen as presenting the lives of all Finns: how severely man is tempted; how outrageously he is tormented between a cold heaven and the poor earth; how joyless the life so far from the lush vineyards and wheatfields of Europe.

Finnish communists have calculated that Finland's private capital, its commerce, banks and industry are owned by twenty families. No further evidence is needed of the weakness of the middle class. Moreover, economic growth since the founding of the Republic has further reduced the relative power of the upper classes.

paysannerie, qui s'adressait directement à Dieu et au Souverain. Charles Péguy ne disait-il pas que les protestants ont la nuque raide et le visage d'un tournesol et qu'ils tutoient Dieu. Depuis Gustave Vasa jusqu'à Urho Kekkonen, la formule du pouvoir en Finlande est la même, un peuple fort et un souverain fort qui, ensemble, tiennent les rênes des hautes classes. Même pendant le régime tzariste, les Finlandais n'arrivaient pas à croire que le Grand-Duc fût bête ou méchant, il était seulement mal conseillé. C'est de la classe paysanne qu'est issu le clergé luthérien, éducateur et scribe du peuple par qui les réformes spirituelles et matérielles se répandaient. Et si le clergé s'abaissait à imiter les hauts prélats de l'église ou si le sac du pasteur était sans fond, qu'importe; le peuple trouvait seul son chemin vers Dieu. Bien avant les mouvements populaires politiques et économiques, la Finlande avait tremblé sous les mouvements des sectes religieuses: laestadiens, piétistes, prieurs et autres. Ces mouvements persistent toujours et rassemblent tous les étés des dizaines de milliers de personnes. Le chef des évangélistes, Paavo Ruotsalainen, prêcheur paysan, est lui aussi devenu un héros national, par la scène de l'opéra. «Les dernières tentations», opéra de Joonas Kokkonen, décrit la vie et les tentations de Paavo, mais son histoire peut s'appliquer à la vie de tous les Finlandais: combien sont puissantes les tentations de l'homme, excessives les peines entre un ciel froid et une terre pauvre, loin la joie de vivre, le bon rire des vignobles et des champs de blé européens! D'après les calculs des communistes finlandais, vingt familles possèdent le capital privé, le commerce, les banques et l'industrie en Finlande. On n'a guère besoin de meilleure preuve de la faiblesse de la bourgeoisie. L'évolution économique, depuis l'âge de la république, a encore affaibli l'influence de la grande bourgeoisie. Les coopératives se sont développées en d'immenses affaires technocratiques. Les grandes industries développées après la seconde guerre mondiale, les centrales énergétiques, les industries métallurgiques et chimiques ont pour la plupart été créées par des régies nationales et sont toujours des entreprises d'Etat. Ainsi pourrait-on dire que l'histoire économique et sociale de la Finlande s'est acquittée des phases de féodalisme et de la domination bourgeoise avec un simple haussement d'épaules, passant directement dans un régime capitaliste à monopole d'Etat.

Dans la société finlandaise, les institutions politiques ont davantage de pouvoir et de signification que n'en demande la démocratie parlementaire bourgeoise orthodoxe. Le pouvoir de l'Etat se base sur la faiblesse des classes dirigeantes. Selon la constitution, le pouvoir appartient au peuple finlandais, représenté par un

Cooperatives have grown into huge businesses. The heavy industry that grew up following World War Two, the power, metal and chemical industries, were developed and are owned, for the most part, by the state. It may even be said that in its economic and social development Finland shrugged off the stages of feudalism and the bourgeoisie and moved directly to the advanced stage of state monopolistic capitalism.

The political institutions of Finnish society have greater meaning and potency than would be expected of a properly bourgeois parliamentary democracy. It is the weakness of leading social classes which gives rise to the power of the bureaucracy. The constitution guarantees sovereignty to the people of Finland through their representatives in parliament. As a result of proportional representation the composition of our 200-seat parliament is changeable: parties and coalitions are numerous. In times of rapid change and crisis, disintegration increases; when the going is smoother, support centers on the established parties.

Less disintegration is evident among parliament's socialist parties, which but for two or three exceptional elections have maintained a slight minority since the turn of this century. The Social Democrats are the leading workers' party, clearly but not overwhelmingly larger than Finland's People's Democrats, a coalition of communists and socialists of the far left. While these two parties cooperate on state and local levels, they are engaged in bitter power struggles in the workshops and labor unions. Within both the Social Democrat and Communist circles there exist various factions and groups which from time to time have broken away to form their own parties. But experience has proven that in Finland there is little room for a third party between the Social Democrats and Communists or to the left of the Communists. Finland's Communist Party is one of the largest in Europe; only the Communist parties of Italy, France and perhaps Spain are larger. Within its ranks there is considerable contention concerning the role of power and revolution under a state monopolistic capitalism. There are no maoist, anarchosyndicalist or other ultra-leftist parties in Finland.

Finland's leading middle-class parties – or more correctly, non-socialist parties – are the Center Party, formerly the Agrarian Union, originally encompassing the farming and rural classes but developing towards a broader social basis while seeking cooperation with the left; the National Coalition (Conservative) Party, the traditional, moderate right-wing party of the middle and educated classes; and the Swedish People's Party, the joint national party of the Swedish-speaking middle, rural and working classes. Finnish

parlement. La composition du parlement (200 sièges) est variée à cause de l'élection proportionnelle: les partis et les groupes sont nombreux. En des temps de mutation rapide et de crises, la disparité augmente; au contraire lorsque la situation est plus stable, les partis traditionnels sont plus soutenus.

La divergence d'opinions est moindre du côté socialiste qui, mis à part trois élections, est demeuré légèrement minoritaire pendant tout ce siècle. Le parti social-démocrate est le parti ouvrier dirigeant, surpassant d'une façon nette mais pas de beaucoup la Fédération Démocratique du Peuple Finlandais, composée des communistes et des socialistes de gauche. Ces partis essayent de trouver au niveau de l'Etat et des communes un terrain de coopération; mais sur les lieux de travail et au sein des syndicats, la lutte pour son propre parti est acharnée. Aussi bien chez les sociaux-démocrates que chez les communistes il existe des tendances et des groupes qui, de temps à autre, se détachent pour former des partis autonomes. L'expérience a cependant prouvé qu'il n'y a pas de place pour un troisième parti entre les sociaux-démocrates et les communistes, pas davantage qu'à l'extrême gauche. Le parti communiste finlandais est parmi les plus grands en Europe de l'Ouest, après les partis communistes italien, français et espagnol. Au sein du parti le débat porte sur le rôle du parti vis-à-vis du pouvoir et de la révolution dans un régime capitaliste d'Etat. Maoïstes, syndicalistes anarchistes ou autres partis de gauche aux couleurs d'opérette n'existent pas en Finlande.

Parmi les partis dirigeants bourgeois (on devrait plutôt dire non-socialistes) figurent le parti du centre, ancien parti agraire, rassemblant à l'origine des paysans et des gens de la campagne et constituant actuellement un grand parti disposé à coopérer avec les partis de gauche; le parti conservateur, parti traditionnel de droite modéré de la bourgeoisie et des classes cultivées; et le parti populaire suédois, parti commun de la bourgeoisie et du peuple parlant suédois.

L'époque de la grandeur du libéralisme se situe au début du siècle. La tradition des «Jeunes Finnois» et du «Parti Libéral» a trouvé une suite dans l'actuel parti libéral populaire. Il existe en outre un certain nombre de petits partis plus ou moins instables et quelques restes de leur dissolution. Ces groupements sont en général proches des radicaux de droite, s'opposent à la coalition du centre et de la gauche, reflètent la faiblesse de la politique traditionnellement bourgeoise et la frustration de ses supporters en Finlande. Ils partent souvent des principes moralisateurs pour s'opposer à l'alcoolisme et à la libération sexuelle, à savoir plus concrètement à la bière légère et à l'avortement que la vague de liberté de la gauche a permis pendant les années 60. En fuyant leur

liberalism had its most fruitful period at the turn of the century. The present Liberal People's Party attempts to carry on the traditions of the Young Finnish and Progressive Parties. In addition parliament also has a number of small, more or less temporary parties and the remnants of their dissolution. Generally these are radical right-wing groups in opposition to the center-left coalition in power; and they serve to illustrate the weakness of traditional middle-class politics and the frustrations of its Finnish supporters. They are often established around moral issues: they are opposed to drinking and sexual liberation, or more specifically, the light beer and legal abortions which the left made available to Finns in the 1960's.

Having fled the influence of age-old internal and external puritanism and having escaped the severe conditions of the old life-style, Finns may have become relaxed in their behavior, if in fact they were ever really otherwise. Alcohol poses an important social problem. The traditional custom of tying one on from time to time has more or less given way to a new habit of drinking whenever financially possible. But alcohol still doesn't play a large part in the everyday life of the average Finnish family. Finns usually drink milk, buttermilk or home-made light beer with their meals and coffee on social occasions. The per capita consumption of alcohol is still low compared with that in the great beer and wine countries. It is, however, on the rise, but largely because previously dry segments of the population – the people of the countryside and women – have taken to drinking. Finns often drink out of resentment;

puritanisme séculaire leur discipline tant intérieure qu'extérieure, et l'austérité de leurs conditions de vie, les Finlandais se sont peut-être relâchés dans leur mode de vie, à supposer que celui-ci ait jamais été réellement strict. L'alcool pose un problème social important. La coutume traditionnelle – une bonne cuite de temps à autre – a été remplacée ou complétée par une consommation plus fréquente des boissons alcoolisées, lorsque les finances le permettent. L'alcool ne fait cependant pas partie de la vie quotidienne d'une famille finlandaise. A table c'est du lait, du lait fermenté ou de la bière non alcoolisée que l'on boit et, lorsqu'on est en société, du café. Comparée aux grands pays de la bière et du vin, la consommation d'alcool pur est faible. Elle est bien en hausse, mais c'est surtout parce que certaines catégories de la société jusqu'ici non consommatrices d'alcool, les femmes et les gens de la campagne, ont adopté ce mode de vie. Un Finlandais boit souvent par défi, il sombre pour se venger de quelque chose. Les alcooliques et les clochards sont visibles dans la rue, car il n'y a pas de bidonville pour cacher le problème. Ce fléau masque derrière lui la dureté des conditions de vie, les guerres et les transformations structurales de la société, mais aussi la maladresse d'un peuple primitif, un manque de modèle de conduite bourgeoise de plusieurs générations donné par une éducation familiale et culturelle.

La Finlande est un pays de culture homogène. Une hiérarchie sociale, semblable à celle qui marque les anciennes sociétés basées sur les

62. Spring plowing begins in May. Maalahti.
63. Burning stubble in Sulva.
64. About 14 % of the population derives its living from farming and forestry. In the 1970's agriculture has become increasingly specialized in either cattle or wheat production.
65. A farm wife from Masku in a field of barley.
66. Threshing grain.
67. An entire family pitches in to make hay in Vehmersalmi.
68. The winter darkness in Taivalkoski.

62. Les labours du printemps ont lieu en mai. Maalahti.
63. Brûleur de paille à Sulva.
64. Environ 14 % de la population gagne sa vie grâce à l'agriculture ou à la sylviculture. Pendant les années 70 un nombre sans cesse croissant d'agriculteurs a dû choisir entre l'élevage du bétail ou la culture des céréales.
65. Une fermière au champ d'avoine à Masku.
66. Battage du grain.
67. Toute la famille assiste à la récolte du foin à Vehmersalmi.
68. Sombre soirée d'hiver à Taivalkoski.

69. Composer Joonas Kokkonen's "The Last Temptations" at
    Savonlinna's Opera Festival, with Martti Talvela in the leading
    role.
70. The kantele is the national instrument of Finland. This musician
    made his own instrument.
71. A cellist rehearsing with the Turku city orchestra.
72. Finland's first churches were built in Åland. The picture shows
    the grey stone church of Sund, from the 13th century.
73. Nilsiän Aholansaari, a mecca for revivalist movements.
74. The Pori Jazz Festival and Ruisrock are important events to the
    young: regardless of weather, youths from both Finland and
    abroad are attracted to listen to music.
75. Winter sports are everyone's hobby. Lahti is the most important
    winter sport center in southern Finland – the World Ski
    Championships were held there in 1978. The men's relay ski
    event is pictured here.
76. Extensive emigration has emptied the countryside in many
    places.

69. «Les dernières tentations», opéra composé par Joonas
    Kokkonen, académicien, au Festival d'Opera de Savonlinna.
    Dans le rôle principal Martti Talvela.
70. Le «kantele» est l'instrument national finlandais. Le musicien de
    la photo a lui-même fabriqué son instrument.
71. Une violoncelliste aux répétitions de l'Orchestre municipal de
    Turku.
72. Les premières églises finlandaises ont été construites sur les îles
    d'Aland. Cette église en pierres grises est celle de Sund, datant
    du 13 ème siècle.
73. Aholansaari à Nilsiä est un lieu de pélerinage des mouvements
    religieux.
74. Le Festival de Jazz et le «Ruisrock» sont des événements
    marquants pour les jeunes, qu'ils soient étrangers ou finlandais,
    qui s'intéressent à la musique.
75. Tous les Finlandais pratiquent les sports d'hiver. Le centre de
    sports d'hiver le plus important de la Finlande méridionale est
    Lahti, où les Championnats du Monde de Ski ont eu lieu en 1978.
    Ici se court un relais masculin.
76. Les migrations ont fait que la campagne est devenue déserte par
    endroit.

heavy drinking is their way of seeking revenge. Such bitter and heavy drinkers are often in evidence in Finland but only because there are no slums to conceal them. The problem derives not only from the mercilessness of the environment, the wars, changes in the social structure, but also from the helplessness of a primitive people who lack an old and stable tradition of middle-class behavior and the examples of home and society.

Finland is a land of homogeneous culture. The various class structures typical of old social orders such as those of England and Italy are not found here. There are some who may have more money today than others do, but this is a state of affairs that is generally considered temporary. Luck may change. In Finland no person is better than another. Most think it more likely to be the other way around.

Changes in social status – or rather changes of profession – from one generation to another are rapid. Most educated people come from working-class or farming backgrounds. Children rarely inherit their parents' social or economic status. They must find their own place in society. But the children of the wealthy and educated often fare better than others, a phenomenon provoking disputes concerning education. The prosperous and educated hint at genetic factors, while the leaders of the working class, particularly those on the left, speak of environment: the inspiring atmosphere of the wealthy home.

The Finnish school system proper was created in 1866, ten years after Czar Alexander II had placed on record in the Senate a recommendation that an elementary school system be organized. While school attendence rapidly became the accepted practice, among the isolated and poor economic barriers often made it impossible. Poor communities couldn't afford to hire teachers, and poor families couldn't provide their children with shoes for the trip to school. When I was completing my military service with the Third Artillery Regiment in northern Karelia after World War Two, I met many men of my age who had known nothing of either the alphabet or the ways of the world before entering the army. Education became comprehensive and obligatory only after the founding of the Republic. The law which made education mandatory went into effect on April 15, 1921.

The elementary school system has been the most successful institution in Finland's cultural and social history. The elementary school teacher was the nation's guide on the path from poverty and ignorance to education and enlightenment. In atmosphere and structure the Finnish elementary school was modern, many-sided and practical. Rather than turning students away from work, it

classes, comme par exemple en Angleterre ou en Italie, n'existe pas. Chacun doit nettoyer son escalier. Une personne peut aujourd'hui avoir plus d'argent qu'une autre, mais ce phénomène est considéré comme provisoire, la chance peut tourner. En Finlande, personne n'est mieux que l'autre. «Ce serait plutôt le contraire», dit le peuple en plaisantant.

Le changement de statut social ou plutôt la mutation d'une catégorie professionelle à une autre est rapide. La plupart des gens cultivés sont issus de familles ouvrières ou paysannes. Les parents ne transmettent pas automatiquement leur position sociale ou économique élévée à leurs enfants. Ceux-ci doivent se frayer eux-mêmes leur chemin dans la société. Mais comme les enfants dont les parents sont fortunés et cultivés se défendent souvent mieux, ce fait provoque des discussions philosophiques sur l'éducation. Les gens fortunés et cultivés font référence aux facteurs héréditaires, les dirigeants populaires, surtout de gauche, parlent des facteurs dûs à l'environnement : ambiance éducative d'une famille riche.

En Finlande l'éducation nationale est née en 1866, dix ans après que le tzar Alexandre II avait dicté au procès-verbal du sénat une recommandation pour l'organisation de l'école primaire. Aller à l'école devint vite une coutume, mais dans les régions éloignées et parmi la population la plus pauvre les obstacles étaient souvent insurmontables. Les communes pauvres n'avaient pas de quoi payer des instituteurs et les familles pauvres ne pouvaient acheter des chaussures pour leurs nombreux enfants. Lorsque j'ai fait mon service militaire après la seconde guerre mondiale dans le IIIème Régiment d'Artillerie, parmi mes camarades soldats, certains apprenaient à lire et à se comporter dans le monde seulement au service militaire. La scolarité devint obligatoire et générale après la fondation de la république. La loi sur la scolarité obligatoire fut proclamée le 15 avril 1921.

L'école primaire a été l'institution la plus importante de l'histoire culturelle et sociale de la Finlande, les instituteurs ont été des guides et des pilotes du peuple pour le sortir de la pauvreté et de l'ignorance et l'amener à la culture et à la lumière. L'école primaire finlandaise avait un programme moderne, varié et pratique. Il n'éloignait pas les élèves du travail, mais au contraire les initiait aussi aux métiers manuels, éveillant l'intérêt et les guidant.

L'enseignement secondaire s'est developpé parallèlement à l'enseignement primaire et les parents qui en avaient les moyens y envoyaient leurs enfants après des cours préparatoires dans des écoles privées, ou, une fois que l'école primaire fut bien en place, après les quatre années de primaire. Les premiers établissements de

inspired in them, by offering support and guidance, a respect for practical professions. In conjunction with the elementary school there developed the high school, to which the parents who could afford to do so sent their children after they had completed either their studies at a private preparatory school or, after it became universally mandatory, the four-year course of elementary school. The first Finnish-language high schools were founded a century ago. Before that children of the Finnish common people had no choice but to accept Swedish as the language of higher education. And that caused problems. Aleksis Kivi, later to become our national author and the father of Finnish modern literature, did very poorly at school.

The high school was divided into a five-year junior course and a three-year senior course which climaxed in the matriculation examination. For many years students were a caste of their own, the hope of the nation, with white caps and festivities borrowed from German universities. The matriculation examination was the key to achieving social distinction. The dream of even the poorest mother was to see her children complete high school. A surprising number succeeded: the road to education was open to whoever had sufficient determination. The graduation portraits of their children are displayed among every family's few tokens of achievement. Like Olympic athletes wearing medals, the more ambitious mothers carry the golden lyres of their childrens' student caps on their black Sunday dresses.

In the 70's the world of elementary and high school became things of the past; student caps and lyres, once tokens of accomplishment, are now mere embellishments. The country has changed over to the comprehensive school system, a broad, obligatory nine-year course of studies which replaces the old elementary and junior high schools and is free to all. After completing the comprehensive course, students may enter either senior high school or a trade school. The senior high school still retains something of its historical status, although in reality the opportunities it offers are limited. So great is the number of students in these schools that only a part of those who pass the final examination are admitted to the universities. Whereas at the beginning of this century the entrance examination for high school decided the educational fate of eleven-year-olds, now it is nineteen-year-olds who must face the restriction placed on the number of students allowed to continue on to the universities. Those who at the beginning of the century were allowed to continue were almost certain of securing a good position in life: indoor work in a clean, well-lighted place. Today's student can't be sure of anything. One unique characteristic of the Finnish school system is its vast and multifaceted system of

langue finnoise sont nés il y a un siècle. Auparavant les enfants du peuple, s'ils aspiraient à une culture supérieure, devaient suivre leur scolarité en suédois. C'était évidemment peu commode.

L'enseignement secondaire se divisait en deux cycles, le premier de cinq ans et le second de trois ans, le baccalauréat couronnait le tout. Les bacheliers ont constitué pendant longtemps une caste à part – espoirs de la nation avec leurs casquettes blanches et les cérémonies empruntées aux universités allemandes. Le baccalauréat devenait la voie de la montée sociale. Le rêve d'une mère, même pauvre, était de faire aller ses enfants jusqu'au baccalauréat. Un nombre surprenant y est parvenu. La voie du savoir s'ouvrait malgré tout à celui qui le désirait vraiment. Dans la collection des rares distinctions familiales, les photos des enfants bacheliers étaient à la place d'honneur sur la commode. Sur leur robe noire du dimanche les mères les plus ambitieuses portent les lyres d'or des casquettes de bachelier de leurs enfants de même qu'un champion olympique affiche ses médailles. Depuis les années 70, le monde de l'école primaire et secondaire appartient au passé, les casquettes et les lyres de bacheliers se sont transformées, de trophées, en simples décorations. Le collège unique, communal et obligatoire, gratuit pour tous, dure 9 ans. C'est lui qui remplace l'ancienne école primaire et le premier cycle de l'enseignement secondaire. Après le collège unique, c'est l'enseignement professionel ou les étudés du second cycle. Le second cycle a gardé sa dorure historique, bien que ses possibilités réelles dans la vie se soient amincies. Le nombre d'élèves est tel qu'une partie seulement peut continuer dans les études supérieures. Au cours de ce siècle la sélection s'est transférée du niveau des 11 ans (entrée dans le secondaire) à celui des 19 ans (entrée en université). Au début du siècle un enfant qui entrait en secondaire, pouvait être quasiment sûr d'avoir une bonne situation, du travail dans des pièces chauffées et confortables. L'étudiant d'aujourd'hui ne peut être sûr de rien. Une caractéristique particulière du système éducatif finlandais réside dans le vaste éventail de l'enseignement technique et professionnel. La Finlande a dû adopter si rapidement le mode de production industriel que le modèle de formation des vieux pays industrialisés, apprentissage dans les usines, n'était pas applicable. La main d'oeuvre, dont le commerce et l'industrie avaient besoin, devait recevoir sa formation dans les écoles professionnelles. Le niveau culturel du peuple finlandais est actuellement très haut, ainsi que ses connaissances professionnelles. L'investissement énorme de la société dans le savoir et la culture populaires a porté de bons fruits.

trade and vocational schools. Finland was obliged to industrialize so rapidly that the apprenticeship system of the old industralized states was not practical. The laborers required by commerce and industry had to be educated in special vocational colleges.

Today the standard of Finnish education, as well as its professional standards, is remarkably high. The immense investment society made in informing and educating its people has been repaid in full.

The Finnish work day begins early: at seven in factories, at eight in schools and offices, and even earlier on farms. The advantage lies in the fact that the day also ends early: at four in the afternoon, except on farms and shift work. At around five Finnish families gather at their supper tables for the main meal of the day, which consists of milk or buttermilk, bread and butter, soup or potatoes and gravy, and perhaps pancakes and preserves for dessert. At six in the afternoon, when Londoners and Parisians are just about to close up shop, Finns have already done their dishes and are about to start on their hobbies. Such a schedule is good in itself but the two-day weekend and the general four-week annual holiday improve it even further. The work schedule of Finnish industry is actually one of the shortest in the world. Industry's employers complain that it greatly weakens the country's ability to compete. Those who put in the longest and hardest days are Finland's mothers, many of whom hold jobs outside their homes, and farm wives who have cattle to tend.

Most free time is spent loafing, watching television, or listening to the radio. But there are also many people who prefer to use their hands and the range of spare time pursuits is wide: building boats and houses, gardening, fishing, hunting, picking mushrooms and berries. Our gross national product doesn't include such economically constructive (and tax-free) activities. Visiting friends and relatives is also popular. Small-talk and gossip are accompanied by coffee, sweet rolls and cake, all of which are important to any visit. Drinks are served only on special occasions; the strict traffic laws make drinking an inconvenience.

Even with all these activities there is still time for the three national passions: sports, culture and study. Since each of these receives generous public funding, living in an isolated place or lacking finances are no obstacles to taking up a sport or starting an adult art or study course. Gymnasiums, swimming pools, libraries and theaters are national institutions which provide a healthy alternative to those symbols of petit bourgeois materialism, the automobile and the supermarket. Such leisure pursuits keep the long hard Finnish winter from becoming dull and

La journée de travail des Finlandais commence tôt, à sept heures dans les usines, à huit heures dans les bureaux et les écoles, encore plus tôt dans les élevages. L'avantage en est que la journée finit tôt, à quatre heures de l'après-midi – l'agriculture et le travail par équipes mis à part. Vers cinq heures de l'après-midi les familles finlandaises se réunissent pour dîner – le repas principal de la journée comprend du lait ou du lait fermenté, du pain et du beurre, une soupe ou des pommes de terre avec une sauce et, pour dessert, par exemple, une bouillie aux fruits ou du flan avec de la confiture. A six heures, lorsque les Londoniens et les Parisiens ne font que terminer leurs occupations de bureau, la vaisselle est faite et les Finlandais sont prêts pour leurs loisirs. Cet horaire est donc avantageux et il s'y ajoute un repos de deux jours à la fin de la semaine et un congé annuel de quatre semaines généralement. En fait, l'horaire des usines en Finlande doit figurer parmi les plus courts du monde. Ceci affaiblit de façon désastreuse la compétitivite, se plaignent les grands industriels. La plus longue journée et le travail le plus dur incombent aux mères de famille et aux maîtresses des exploitations agricoles.

Les Finlandais passent la plupart du temps libre en flânant ou en regardant la télévision. Les femmes et les hommes sont cependant habiles. On bricole beaucoup, on construit des bateaux, des maisons, on s'occupe du jardin, on pêche, on chasse, on cueille des champignons et des baies. Ce travail méritoire et productif (exonéré d'impôts!) pour l'économie du pays ne se voit guère dans les statistiques officielles du revenu national. On va beaucoup chez ses amis, on visite la famille. Le programme se constitue alors de conversation, de petits potins et de gâteaux sucrés. Boire un coup est exceptionnel. C'est en effet difficile, car on n'a pas le droit de conduire après la moindre goutte d'alcool. Après toutes ces occupations, il reste encore du temps pour trois passions nationales, sport, culture et études. Tout est subventionné par le denier public. Pour se consacrer à la gymnastique ou au sport, aux cours pour adultes, ou à l'art, l'éloignement et le peu de fortune ne sont pas des handicaps; les gymnases, les piscines, les bibliothèques et les théâtres sont des institutions nationales qui concurrencent avec succés les symboles d'un matérialisme petit bourgeois, la voiture et le supermarché. Toutes ces occupations contribuent à ce que la longue et sombre période d'hiver ne soit ni morne ni sans joie. Lorsque la nature meurt, l'esprit humain s'éveille. Pendant l'été, par contre, on se rassemble aux grandes fêtes sportives et culturelles. Les sommets de la vie de la nation sont les championnats d'athlétisme au Stade Olympique de Helsinki, le Festival de Musique Folklorique de Kaustinen, le Festival d'Opera

joyless. Nature sleeps but the human spirit awakens to new life. With the return of summer people flock to athletic and cultural events. The great events of national glory now take place at track and field competitions in Helsinki's Olympic Stadium, at the Kaustinen Folk Music Festival and at the Savonlinna Opera Festival, in the medieval courtyard of Olavinlinna Castle. Finland abounds in festivals, exhibitions and competitions. It must also be admitted that the commercial world thrives as well: fairs and farm shows draw huge crowds.

Finland, with its population of less than five million, is not a densely populated country. Despite this – or perhaps because of it – Finns enjoy mass gatherings. They like the experience of togetherness and they draw individual strength and inspiration from the collective event. The President of the Republic honors the grandest and most important occasions with his presence. There is always a special ring-side seat reserved for him, alongside the governor of the province, a general, a bishop, a member of the cabinet, and the head of the town council. The program includes long speeches – usually humorless and read straight from the written text – and musical performances. And the newspapers report it all. Such events are news in Finland.

People attend these celebrations in their Sunday best. The men from the country usually wear serviceable but somewhat old-fashioned and musty black suits. Folk costumes are being revived by the women; but despite this, the most common folk costume for females is the beige raincoat. The young, boys and girls alike, express

dans la cour du château Olavinlinna dans la petite ville de Savonlinna. Il y a beaucoup d'autres fêtes, de manifestations, d'expositions et de matchs. Il faut avouer cependant que les divisions de la culture matérialiste se défendent aussi bien: les foires et les expositions agricoles rassemblent des dizaines de milliers de personnes.

La Finlande est un pays peu peuplé, les Finlandais sont moins de cinq millions. Malgré cela et peut-être justement pour cela, ils aiment participer aux manifestations de foules, se sentir en communauté, puiser dans l'événement collectif la force individuelle et l'inspiration. Les manifestations les plus importantes et les plus remarquables sont honorées par la présence du Président de la République. Celui-ci a toujours sa place devant le premier rang. Au premier rang sont assis le préfet, le général, l'évêque, le ministre et le président du conseil municipal. Au programme il y a beaucoup de discours – lus, avec peu d'humour – et de la musique. La presse parle de ces manifestations: en Finlande ce sont des nouvelles. Pendant ces fêtes on voit la population finlandaise en habits du dimanche. Les paysans ont en général un costume noir, un peu démodé mais en bon état. Les femmes ont repris le costume folklorique. Le vêtement traditionnel, le plus porté par les femmes est cependant un imperméable clair en popeline. La jeunesse, garçons ou filles, cherche à montrer son indépendance en s'habillant en blue-jeans. L'ambiance est détendue, les participants à la fête patients et se contentant de peu. Les personnes n'arrivent pourtant pas à se mêler pour former un public homogène. Les traits individuels sont trop

77. Summer in the Gulf of Finland and the Gulf of Bothnia include numerous regattas. The picture shows sailors outside Helsinki.

78. The sea washes the vast Finnish shores.

79. A pensioner in the marketplace of Rauma.

80–99. Daily life in a Finnish town in summer and winter. Up until the last decade, the architecture of many towns was dominated by wood and many towns – such as Rauma and Vaasa, pictured here – are trying to preserve this heritage.

100. Rauma is an old seafarers' town whose ships sailed the world over in the old days. The wife of a seaman.

77. Pendant l'été les Golfes de Bothnie et de Finlande sont des lieux privilégiés pour les régates. Celle-ci se passe devant Helsinki.

78. La mer balaie les vastes côtes finlandaises.

79. Un retraité sur le marché de Rauma.

80–89. La vie de tous les jours dans les villes finlandaises, été comme hiver. L'aspect de la ville, jusqu'á ces dernières décennies, était marqué par l'architecture en bois qui, dans plusieurs villes, est toujours protégée comme souvenir historique. Ces photos sont de Rauma et de Vaasa.

100. Rauma est une vieille ville maritime dont les bateaux ont sillonné toutes les mers du monde. Femme de marin.

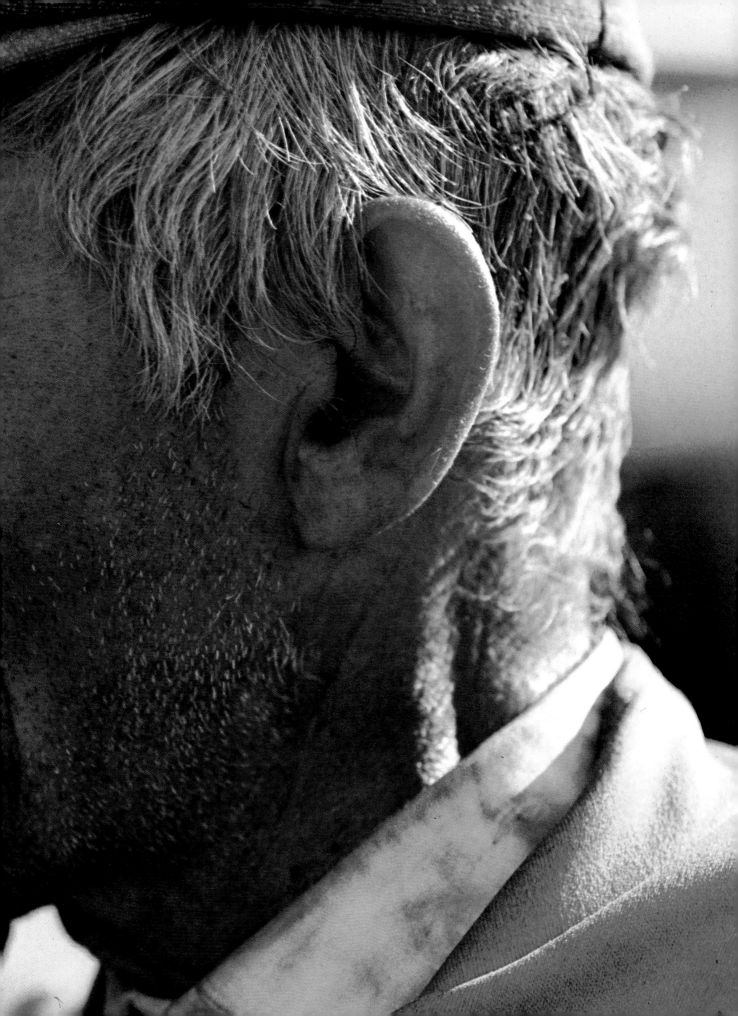

80

81

82

83

84 85

86 87

88

89

90

91

92

93

94 95

96 97

98 99

their individuality by wearing bluejeans – every one of them. The atmosphere is relaxed, the participants patient and easily satisfied. However, the people somehow don't seem to comprise a single homogeneous mass. Individual characteristics are too distinct, too well defined, at least in comparison to nations which have thousands of years of history and culture behind them. The Italians or the Japanese, for example, have rubbed elbows with each other for so long that they've become as polished as pebbles on a beach.

The foreigner interested in Finns should attend folk festivals, mass athletic, artistic, commercial and even religious events. There he will discover that Finland is not merely composed of five million people; he will see that Finland is made up of just under five million individuals. Somewhat difficult subjects, but rather nice citizens.

Finland respects individual greatness in sports and the arts: long distance runners and skiers, authors of lengthy novels, composers of symphonies, and architects – lonely people who have won the battle against the unyielding elements of material and spirit. One doesn't make it to the finals collectively. Anyone can sing in a choir or take part in a ballgame or politics, and such activities are not highly esteemed. One must be a hero, an eternal sage, in order to be remembered. And Finns want to be remembered both by their own countrymen and by foreigners. History has left behind it complexes which geography aggravates. To the west is Sweden, one of the world's richest nations; to the east, the Soviet Union, one of the world's most powerful. How to maintain one's self-respect in such a position is the greatest test of the Finnish faith. This century's heroes are Paavo Nurmi, Lasse Viren, Veikko Hakulinen, Jean Sibelius, Alvar Aalto, Väinö Linna – each solitary in his greatness and his winning battle against time and chaos. Only one politician has made it to the finals: Urho Kekkonen, host of the Conference on Security and Cooperation in Europe; and one soldier: Carl Gustav Emil Mannerheim, supreme commander in four wars of this century.

The people respect heroes but love beauty queens and pop singers. Armi Kuusela was Miss Universe in 1952, and Finland has remained her faithful admirer for a quarter of a century, even after the Ostrobothnian girl was married off to the Philippines.

Saturday is the climax of the Finnish week. On Saturday smoke billows from the chimneys of hundreds of thousands of saunas on the shores of tens of thousands of lakes. The sauna, a national institution in Finland, was not invented by Finns although it was preserved and developed by them. The history of the sauna supports the claim that

forts, sans raffinement – tout au moins en comparaison des peuples civilisés depuis des millénaires, tels par exemple les Italiens et les Japonais qui se sont affinés au contact les uns des autres comme les galets au bord de la mer.

Un étranger que la Finlande intéresse doit chercher à participer aux fêtes populaires, aux manifestations sportives, artistiques ou commerciales ou, pourquoi pas, à des mouvements collectifs religieux. C'est là que l'on parvient peu à peu à comprendre que la Finlande n'est pas composée par un peu moins de cinq millions de Finlandais. La Finlande est divisée en un peu moins de cinq millions de Finlandais. Sujets difficiles, mais citoyens passables.

Dans le domaine du sport et de l'art, la Finlande apprécie les champions solitaires: coureurs et skieurs de fond, écrivains de prose volumineuse, compositeurs de symphonies et architectes: l'homme solitaire qui triomphe des éléments rebelles de la matière et de l'esprit. On n'entre pas dans la série des champions par le collectif. Tout le monde fait partie d'une chorale, joue au ballon et fait de la politique, mais il n'est pas attribué une grande valeur à ces activités. Il faut être un héros, un grand mage, pour rester dans les mémoires et pour être cité. Et c'est justement cela qui fait plaisir à un Finlandais, qu'il s'agisse de ses compatriotes ou des étrangers. Les événements de l'histoire ont laissé à la nation des complexes qui sont toujours entretenus par la situation géographique. A l'ouest, la Suède, l'un des pays les plus riches du monde, à l'est l'URSS, l'un des plus puissants du monde: comment garder le respect de soi dans une telle position, telle est la question vitale d'un Finlandais.

Les héros de notre siècle sont Paavo Nurmi, Lasse Virén, Veikko Hakulinen, Jean Sibelius, Alvar Aalto, Väinö Linna – tous des champions solitaires, vainqueurs d'une lutte contre la montre et le chaos.

Parmi les politiciens on n'en trouve qu'un seul dans la série des champions: Urho Kekkonen, hôte de la Conférence pour la Sécurité et la Coopération en Europe; et parmi les militaires le Maréchal Carl Gustav Emil Mannerheim, Commandant en Chef des quatre guerres du siècle. Le peuple respecte les héros, mais il aime ses reines de beauté et ses chanteurs de variété. Armi Kuusela (une Ostrobothnienne mariée aux Philippines) fut Miss Univers en 1952. La Finlande est son admiratrice fidèle et inlassable depuis déjà un quart de siècle.

Le point culminant de la semaine finlandaise est le samedi. Le samedi les cheminées de centaines de milliers de saunas fument au bord des dizaines de milliers de lacs. Le sauna est l'institution nationale des Finlandais, ils ne l'ont pas inventé, mais ils l'ont conservé et développé. L'histoire du

Finns are poor inventors but good preservers, a nation clinging to traditions. Conservatism means not only faithfulness to the old gods of the hearth; it also means the ability to make a virtue of necessity. The poor cannot afford experimentation. At their best, both everyday utensils and modern industrial design reflect the rugged estheticism of necessity.

If only it were always evening and Saturday, and never morning and Monday. So the hired help always used to say in the days of the old agrarian society. This desire still survives undiminished in industrialized and prosperous Finland. The Saturday sauna concludes the week. Bathing is a commonplace ritual around which an entire philosophy has evolved: with the humming of the sauna stove, all daily cares are forgotten. If guests are present, the men bathe first, the women follow, older children in separate groups of boys and girls. Mixed bathing in our modern well-lighted saunas is not done. The Finnish sauna has nothing to do with sex or eroticism, and Finns will be shocked when sooner or later they learn to what uses their virtually sacred institution has been put in the capitals of Europe.

The purpose of taking a sauna is to completely cleanse the body and soul by subjecting both to great changes of temperature. After the hot steam you either shower or swim in a lake or the sea. The bravest roll in winter snow or plunge through a hole in the ice of a lake. And then back into air heated to about 100°C where humidity is controlled by throwing water on heated stones. The higher the humidity, the hotter it feels. Tradition demands that the body must be beaten with birch branches; these may be dried, salted or frozen for winter use. After that, you wash thoroughly, swim or rinse a few times more, and then move to the dressing room. There you dry yourself with a rough towel, if possible, before a roaring fire. Then you quench a thirst produced by the great heat with fruit juice, home-made beer, or – as is common these days – soft drinks or beer. A complete sauna takes from an hour to an hour and a half. Even Finnish apartment buildings include saunas and their residents have regular sauna evenings. In the cities not everyone can have his sauna on Saturday evening, but in the summer and on vacations the city dweller often enjoys his or a relative's sauna in natural surroundings. Although Finnish summer cabins are quite modest, each and every one boasts a sauna.

With the rise in the standard of living, time and money now allow some to have a sauna even in the middle of the week. The fanatics bathe every evening of their month-long holiday. That, of course, is not very healthy; it is equivalent, say, to spending the same length of time on the hot sand of some southern beach, which is something else

sauna finlandais confirme la thèse que les Finlandais sont de mauvais inventeurs mais de bons conservateurs: un peuple maintenant la tradition. Le conservatisme est dû à la fidélité vis-à-vis des anciens dieux familiers, mais aussi à la restriction dont on a fait une vertu. Un pauvre n'a pas les moyens de faire des expériences. Les objets utilitaires de tous les jours autant que le design industriel moderne reflètent au mieux cette esthétique de la restriction. «Si cela pouvait être toujours le soir et samedi et jamais le matin et lundi», espéraient déjà les serviteurs de fermes de l'ancienne société agricole. Ce souhait est resté tel quel dans la Finlande industrielle et consommatrice. Le sauna pris le samedi arrête la semaine. Ce bain est un rituel autour duquel toute une philosophie s'est créé: «Lorsque les orgues noires du poêle du sauna sonnent, les chagrins de tous les jours s'oublient.» Les pères, les mères et les jeunes enfants prennent le sauna ensemble, les enfants plus âgés ensemble, filles et garçons séparés. Lorsqu'il y a des invités, les hommes commencent, les femmes prennent leur bain ensuite. Ces bains mixtes ne sont pas pratiqués dans les saunas modernes bien éclairés: en Finlande le sauna n'a aucun rapport avec l'érotisme et les Finlandais seront choqués à mort lorsqu'ils apprendront, tôt ou tard, à quel usage est destinée leur quasi sainte institution dans beaucoup de capitales européennes. L'idée de la pratique du sauna est la purification complète du corps et de l'esprit dans l'alternance du chaud et du froid. Après une chaude bouffée de vapeur, on passe sous la douche ou l'on nage dans un lac ou dans la mer. Les plus hardis se roulent dans la neige ou font un trou dans la glace pour s'y baigner en hiver. Et puis de nouveau dans l'atmosphère chauffée jusqu'à cent degrés et dont l'humidité est maintenue par les jets d'eau sur les pierres. Plus il y a d'humidité, plus cela semble chaud. Traditionnellement on se fustige le dos et les membres avec des branches de bouleau – on peut même les conserver pour l'hiver en les séchant, en les salant ou en les congelant. Ensuite on se lave entièrement, on nage ou on se rince encore une fois et l'on va dans la pièce attenante. On s'essuie avec des serviettes rèches, dans le meilleur des cas devant la cheminée, et l'on apaise sa soif avec du jus de baies, de la bière fabriquée à la maison ou – et c'est le cas de plus en plus fréquemment – des boissons rafraîchissantes ou de la bière industrielle. La cérémonie dure en tout une heure, une heure et demie. Dans chaque immeuble en Finlande il y a un sauna et les familles y vont chacune leur tour. Ainsi tout le monde ne peut pas aller au sauna le samedi en ville. Mais en été et pendant les vacances les citadins profitent souvent de leur sauna ou de celui de leur famille en plein milieu de la nature. Les centaines de milliers de résidences d'été des

Finns greatly enjoy. The birch wood used to heat saunas has absorbed the northern sun.

The real weekend begins after the sauna. Older folks drink their after-sauna coffee, listen to the radio or watch television, and then go to bed. Fragrant young people, their hair freshly laundered, venture out to places of public entertainment – outdoor dancing pavillions, youth or workers' centers, student clubs. The somewhat older and wealthier ones spend their evening in a restaurant. The general practice is for them to go out, not as couples, but in groups of boys or girls. Those just barely old enough to be admitted to discotheques to swing to rock and roll; the somewhat older, to dance to old waltzes, polkas, tangos and foxtrots.

The twilight of summer evenings sees the birth as well as the death of many romances. It might be that, at some dance pavillion, a Finn discovers that friend with whom he or she will take sauna and sauna coffee for the rest of his life.

In one century the Finnish people have transformed their country into a properous modern state with a culture and language based on its own unique national heritage. Finns have heeded to good advantage the advice given to them by Aleksis Kivi; he told them that by working, saving and always behaving as honest men everything would turn out well. It was with the words of our national author that the old statesman J.K. Paasikivi encouraged his nation on Independence Day in the dark year of 1944. He expressed what everyone felt:
"It is little wonder that in these times of subversion and violence, fear and mistrust of the future gain so much ground among the peoples of small nations. And it cannot be ingnored that, with or without reason, such feelings and such fears are felt by the people of Finland in this present day of national uncertainty. Political independence and self-determination are the conditions on which depend not only our nation's happiness and well-being but the completion of its task. The whole of the Finnish nation, no matter what the party, holds firmly to these ideals."
On the map Finland appears huddled very insecurely under the northwest arm of the Soviet Union. Many visitors to Finland experience the same shudder that they feel at the Berlin Wall. Can Finland remain free? Given such conditions, can it have a future? With certain reservations, the cold war school of thought would have to answer both these questions in the negative. During its history Finland has fought the Russians dozens of times. But were these wars Finland's or the Finns' wars? Were they not the wars of courts, dynasties, global powers – as was World War Two – into which small nations either drew themselves or were drawn?

Finlandais sont souvent trés modestes, mais dans chacune se trouve un sauna.

Avec l'élévation du niveau de vie, le temps et le budjet permettent le rituel du sauna même pendant la semaine – les plus fous prennent ce bain tous les soirs pendant leurs vacances. Evidemment cela n'est pas bon pour la santé, mais cela correspond au rôtissage sur le sable brûlant des plages ensoleillées du Sud. Le soleil du Nord se trouve emmagasiné dans le bois de bouleau, qui traditionnellement est celui dont on se sert pour chauffer le sauna. Ce n'est qu'après le sauna que commence le jour férié. Les personnes plus âgées boivent le café traditionnel, écoutent la radio ou regardent la télévision et se couchent. Les jeunes, sentant le savon et l'eau fraîche, avec les cheveux qui viennent d'être lavés, se dirigent vers les amusements collectifs: bals, maisons des jeunes, des ouvriers ou des étudiants; les plus âgés et les plus fortunés vont passer la soirée au restaurant. On sort rarement à deux, le plus souvent c'est en groupe de garçons ou de filles. Les plus jeunes, à peine entrés, se tortillent sur des rythmes pop ou rock, les aînés adorent la «humppa», les vieilles valses, la polka, la «jenkka», le tango et le fox-trot. Dans la pénombre d'une nuit d'été naissent et s'éteignent de nombreuses amours. C'est dans les bals, couverts ou en plein air, que la plupart des Finlandais trouvent l'ami, avec lequel ou laquelle ils prendront le sauna et boiront le café jusqu'à la fin de leur vie.

En un siècle les Finlandais ont transformé leur pays en Etat moderne et prospère, avec une culture et un langage basés sur une tradition et des caractères nationaux. Ils ont, avec succès, suivi le conseil d'Aleksis Kivi: «Travaille, fais des économies et conduis-toi en honnête homme, et tout finira bien.» C'est avec ces paroles de l'écrivain national que J.K. Paasikivi, vieil homme d'Etat, encouragea son peuple lors de la sombre fête nationale de 1944. Il exprima ce que tout le monde ressentait:
«Il n'est pas étonnant qu'à l'époque actuelle de bouleversements et de violence, la peur et le doute vis-à-vis de l'avenir s'emparent des petits peuples. Il n'est pas possible de cacher, à tort ou à raison, qu' en ces actuels temps d'incertitude de tels sentiments et une telle peur existent aussi au sein du peuple finlandais. L'indépendance et la liberté politique sont des conditions sans lesquelles notre peuple ne saurait vivre heureux et content, ni remplir sa tâche. Le peuple finlandais entier, indépendamment des partis, y tient.»
Quand le peuple finlandais parle d'une politique extérieure de paix, il connaît la question. Cette connaissance lui a coûté cher. Lorsqu'il se déclare neutre lors des conflits des grandes puissances, il se souvient, trop bien même, combien de fois la

For the past three decades the Republic of Finland has tried to construct along its border with the U.S.S.R. the same peaceful understanding it has traditionally had with Sweden and Norway. The Soviet Union has also expressed a desire for good relations between neighbors. Animosity and war preparations have given way to a new day of friendly cooperation.

When Finns speak of a foreign policy of peace, they speak with authority. They've learned the hard way. And when the nation declares itself neutral in disputes between big powers, it remembers only too well how many times the country served as battleground, victim and booty in wars that had nothing to do with the interests of Finland and the Finns.

Finland's security and future depend, of course, on the nation's capacity to meet the challenges of the times. Small nations are like small craft: in the hands of an unskilled sailor they are easily swamped. But that is part of the excitement of sailing. But large states, too, have perished, vast empires, by slow degeneration and dissolution. Both large and small nations are in essentially the same position. They are inhabited by people whose future depends on peace and respect for Nature. These are the issues common to all nations. A small nation can do as much as a large one for the cause of peace and security and for ecological, natural and social harmony. Sermons on such matters come cheap; an example would serve the purpose, slowly but surely.

Finlande a été le champ de bataille, la victime et le butin de guerres qui n'avaient aucun rapport avec les avantages ou les intérêts de la Finlande. La sécurité et l'avenir de la Finlande dépendent, bien entendu, des Finlandais, de la force et de l'habileté de la nation à répondre aux défis de l'époque. Les petits Etats sont comme les petits bateaux: un barreur malhabile les renverse facilement. Mais même de grandes puissances, de véritables empires, ont disparu, lentement, en se pourrissant, en se brisant. Au fond, les grands et les petits Etats sont dans une situation égale. Ce sont des hommes qui y habitent et leur avenir dépend de la paix et de l'équilibre de la nature. Ces questions sont communes à tous les peuples. Un petit peuple peut faire autant qu'un grand en faveur de la paix et de la sécurité, pour l'équilibre écologique et social. Les serments en la matière, il est vrai, ne coûtent pas cher. Par contre, un exemple peut avoir de l'influence, lentement mais sûrement.

101. Kuusamo, renowned for its majestic landscape where Kitka River's many rapids are found.
102. The time of autumn colors on Vongoiva Mountain, a 60-kilometer trip from Saariselkä camping center.
103. Lapp men at their reindeer roundup. The Lapps wear their colorful folk costumes on all occasions, as work clothes and as Sunday best.
104. The midday sun in January in the Salla district.
105. The spring sun begins to provide warmth in March. In the north the skiing season extends well into May. Pudasjärvi's Teerivaara is pictured here.

101. Kuusamo est connu pour sa nature grandiose. La rivière Kitkajoki est trés célèbre pour ses nombreux rapides.
102. Des couleurs d'automne sur le mont de Vongolva, à plus de soixante kilomètres de Saariselkä.
103. Les Lapons portent toujours leurs costumes régionaux aussi bien en travaillant que lors des fêtes.
104. Le soleil à midi dans la région de Salla au mois de janvier.
105. Le soleil printanier commence à chauffer en mars. Dans le Nord, la saison de ski se prolonge souvent jusqu' en mai. Le mont Teerivaara à Pudasjärvi.

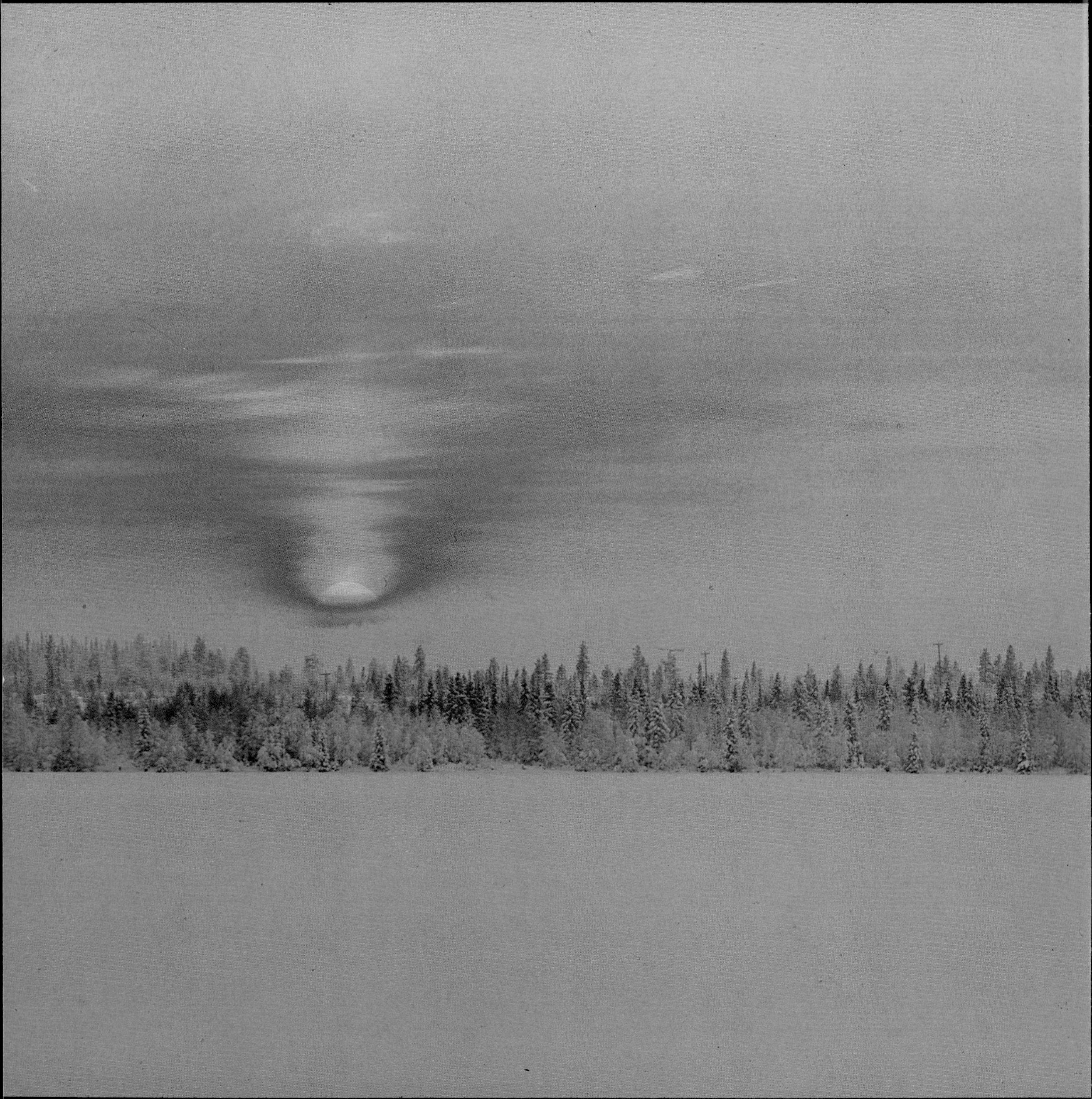